Asiatische Tacos mit
Rindersteak, S. 73

Mandelschnitzel mit
Korianderrotkohl, S. 28

Chinesische Bratnudeln
mit Ei, S. 39

Inhalt

Rezeptinfos

**SmartPoints Wert
pro Person / Glas / Stück**

 glutenfrei    laktosefrei    nussfrei

Die Kennzeichnung wie zum Beispiel „gluten-", „laktose-" oder
„nussfrei" bei den Rezepten ist rein informativ und nicht ver-
bindlich. Es liegt in der persönlichen Verantwortung zu prüfen,
ob die verwendeten Lebensmittel die Anforderungen erfüllen.

QR-Code scannen und
Küchenvideos zu Küchentipps
entdecken. Oder besuche uns
auf ww-gesundekueche.de

NEU! meinWW+

Dürfen wir vorstellen: *meinWW+*! Mit diesem einzigartigen Programm findest du den richtigen Weg für dich. Wenn es ums Abnehmen geht, hat jeder seine eigenen Vorstellungen und Bedürfnisse. Was für den einen gut funktioniert, ist für jemand anderen vielleicht weniger geeignet. Deshalb bieten wir dir mehr als eine Möglichkeit, mit WW abzunehmen, um dich wohlzufühlen.

In der Theorie ist Abnehmen ganz einfach. Man muss nur weniger essen und sich mehr bewegen, oder? In der Praxis sieht es oft etwas anders aus. Um abzunehmen, solltest du verschiedene Aspekte deines Lebens betrachten, zum Beispiel wie gut du schläfst, wie häufig du dich bewegst und welches Bild du von dir selbst hast. Denn all das beeinflusst deine Entscheidungen – auch beim Essen. Unser *meinWW+* Programm berücksichtigt deinen Lebensstil und deine Ziele und bietet dir die Möglichkeit, es so zu leben, wie es zu dir und deinem Alltag passt. Basis dafür ist unser preis-

gekröntes Abnahmesystem. Du wirst sehen, mit einem Plan wird alles leichter – auch das Abnehmen.

Ein Programm, drei Wege es zu leben. Mit *meinWW+* erhältst du einen Ernährungsplan, der zu dir und deinem Leben passt, bei dem du alle Lebensmittel essen kannst, die du am liebsten magst. Außerdem bekommst du eine Liste mit über 100+, 200+ oder 300+ ZeroPoint® Lebensmitteln, die du weder abwiegen noch messen oder aufschreiben musst.

Grüner Plan

Mehr tägliche SmartPoints®   Weniger ZeroPoint® Lebensmittel

Blauer Plan

Mittlere Anzahl an täglichen SmartPoints®   Mittlere Anzahl an ZeroPoint® Lebensmitteln

Lila Plan

Weniger tägliche SmartPoints®   Mehr ZeroPoint® Lebensmittel

SmartPoints®

Die Basis bildet unser SmartPoints® System, das komplexe Ernährungsinformationen zu einer einfachen Zahl zusammenfasst: dem SmartPoints® Wert. Dein SmartPoints® Budget wird individuell für dich berechnet. Es besteht aus täglichen und wöchentlichen SmartPoints® und basiert auf Alter, Gewicht, Größe und Geschlecht. Wenn du dich an dein SmartPoints® Budget hältst, nimmst du ab, und zwar bis zu 1 Kilo pro Woche.

ZeroPoint® Foods

ZeroPoint® Lebensmittel haben 0 SmartPoints®. Warum? Weil diese Lebensmittel die Grundlage für eine gesunde Ernährung bilden und wir dich darin bestärken möchten, hier öfter zuzugreifen. 0 Punkte Lebensmittel musst du weder wiegen, noch abmessen, zählen oder aufschreiben – und du nimmst dabei trotzdem ab.

Seit Einführung der ZeroPoint® Lebensmittel sind unsere Teilnehmer sogar noch erfolgreicher*. Lass dich überraschen, wie vielfältig und abwechslungsreich Kochen mit den 0 Punkte Lebensmitteln sein kann. Genieß es und gönne dir mehr Flexibilität und Freiheit im Alltag!

WW Healthy Kitchen®

Die WW Kochbücher sind für alle geeignet – egal, ob du WW Teilnehmer bist oder dich einfach ausgewogen ernähren und einen gesunden Lifestyle etablieren möchtest. Genau hierbei helfen dir unsere leckeren Rezepte, die ganz leicht nachzukochen sind. Zusätzlich ist jedes Rezept sowohl mit einem SmartPoints® Wert als auch der Kalorienangabe versehen, um dich auf dem Weg zur Gewichtsabnahme optimal zu unterstützen.

*Six-month pre-post study conducted by the University of North Carolina funded by WW. Weight data reported by trial participants after 6 months on WW Freestyle.

Mein größter Wunsch ist es, ein gutes Vorbild zu sein!

Nicole,
- 24 kg;
WW Teilnehmer

Ich hatte gerade mein zweites Kind bekommen, als mir bewusst wurde: Ich wollte endlich keine Einschränkung mehr wegen meines Gewichts spüren, glücklicher und zufriedener sein.

❯ Nach der Geburt meiner beiden Kinder hat es irgendwann „Klick" gemacht: Ich wollte mein Gewicht in den Griff bekommen, mich wieder wohl fühlen in meiner Haut und meinen Kindern ein gutes Vorbild sein. Sie sollten von Anfang an lernen, wie ein gesundes Leben funktioniert – mit leckerem Essen und Bewegung, die Spaß macht. Meinen Mann musste ich nicht groß überzeugen. Er hat mitgemacht und fühlt sich heute ebenfalls besser und fitter.

Ich wollte endlich von außen so aussehen, wie ich mich von innen fühle.

Was ich wollte, war ein nachhaltiger Weg, mein Gewicht zu reduzieren. WW war das einzige Konzept, das mich überzeugt hat. Ich habe festgestellt, dass

alle Leute um mich herum, die abgenommen und ihr Gewicht bis heute gehalten haben, bei WW waren. Also legte ich los.

❯ „Jetzt komm ich!" wurde zu meiner Devise. Sofort nach dem Abstillen habe ich mich bei einem WW Workshop angemeldet. Der Donnerstagmorgen war mir ab sofort „heilig". Meine Eltern und Schwiegereltern kümmerten sich um meine Kinder und ich hatte diese Zeit ganz für mich. Das war extrem hilfreich. Ich war hochmotiviert, habe nach Punkten eingekauft, gekocht und gelebt. Das erste Halbjahr bin ich so „durchmaschiert"! Erst im Sommer hatte ich einen Hänger. Dank der Motivation der WW Community und meinem WW Coach habe ich den überwunden. Das alles hat mich durch die Zeit getragen und mich inspiriert, selbst Coach zu werden! Zusätzlich haben mir die verschiedenen Tools sehr geholfen: mein Fitnesstracker, die Kochbücher und die App sind tolle Anregungen und dank der ZeroPoint® Lebensmittel ist man total flexibel.

❯ Ich mache jetzt alle Sachen, auf die ich Lust habe und die mir guttun. Zum Beispiel Joggen: Das kam für mich wegen meines Gewichts nicht in Frage. Jetzt laufe ich 2 x die Woche und gehe mit meinen mittlerweile älteren Kindern z.B. zum Klettern. Dadurch habe ich viel mehr Lebensfreude und auch Lebensqualität als vorher.

WW hat sich auf die ganze Familie ausgewirkt. Abends schnippel ich schon Gemüse für den nächsten Tag und mache die Schuldosen der Kinder fertig. Wir kochen gemeinsam mit den Kindern, suchen zusammen Rezepte raus. Klar, nicht immer. Aber am Wochenende ist das ein fester Bestandteil geworden. Mein Mann und ich sind insgesamt ausgeglichener im Alltag, wenn wir gesund kochen und uns regelmäßig an der frischen Luft bewegen – einen Spaziergang machen, Inliner fahren oder Entdeckungstouren mit den Kindern unternehmen.

WW hat uns die Basis für ein glücklicheres Leben geschenkt, für Wohlfühl-Gewohnheiten, die funktionieren. Die geben wir auch unseren Kindern von Anfang an mit auf den Weg und das ist ein unglaublich gutes Gefühl.

Meine absoluten Lieblingsrezepte sind:

❯ **Sonntagrouladen** (S. 58)
❯ **Ungarisches Krautgulasch** (S. 106)
❯ **Leichte Tatar-Gemüse-Lasagne** (S. 172)

Leichtes mit Geflügel

DAS BESTE VOM
Geflügel

HÄHNCHEN

Hähnchenbrustfilet ist eine echte Protein-bombe: Pro 100 g liefert es 24 g Eiweiß und hat dabei nur einen Fettanteil von ca. 2 %. Das gilt allerdings nur für frische Hähnchen-brust ohne Haut, sobald die knusprige Haut mitverzehrt wird, erhöht sich der Fettgehalt stark. Hähnchen ist unheimlich vielseitig und kann für Suppen, Pfannengerichte, Ragouts sowie zum Braten und Grillen verwendet werden.

PUTE & TRUTHAHN

Neben Hähnchen gehört Pute mit ca. 2 % Fett zu den Favoriten unter den fettarmen Fleischsorten. Auch beim Putenfleisch vari-iert der Fettgehalt, je nachdem für welchen Teil der Pute du dich entscheidest, ob mit oder ohne Haut und wie du es zubereitest. Das helle Brustfleisch ist besonders mager mit feinem Geschmack, während das dunkle Keulenfleisch einen deutlich höheren Fettge-halt hat und intensiver schmeckt. Pute und Truthahn bezeichnen übrigens dasselbe Tier.

Fettarmes Geflügel

Hähnchen- und Putenfleisch gelten grundsätzlich als besonders mager, das heißt aber nicht, dass alle Teile vom Geflügel gleichermaßen fettarm sind. Während die Geflügelbrust mit einem Fettgehalt von ca. 2 % sehr mager ist, schlägt die Hähnchenkeule schon mit 20 % Fett zu Buche. Auch die Zubereitungsart entscheidet darüber, wie fettarm dein Fleisch am Ende ist. Besonders fettarm ist die Zubereitung auf dem Grill, im Backofen oder in einer beschichteten Pfanne mit wenig Pflanzenöl. Und natürlich ist auch das Garen in Brühe oder das Dämpfen schonend und fettarm.

ENTE

Entenfleisch ist dunkler und schmeckt intensiver als Hähnchenfleisch. Besonders beliebt sind neben ganzen Enten auch Entenbrust und Entenkeule. Bei richtiger Zubereitung wird Entenfleisch besonders zart und saftig. Geschmacklich unterscheidet man in Flugenten (Barbarie-Enten), Wildenten und Hausenten, wobei Wild- und Flugenten den geringsten Fettgehalt haben. Hochsaison haben frische Enten zwischen September und Januar.

GANS

Ganz klar – die Hochsaison für Gänse beginnt im November und endet nach Weihnachten. Denn knuspriger Gänsebraten zählt zu den beliebtesten Festessen. Im Handel unterscheidet man zwischen Frühmastgans mit einem Gewicht von ca. 3 kg und jungen Gänsen mit einem Gewicht von 4–6 kg. Gänsefleisch schmeckt köstlich, enthält aber viel Fett und sollte daher seltener auf dem Speiseplan stehen.

Hühnerfrikassee mit Petersilie

Für 4 Personen   Zubereitungszeit 20 Min.   Garzeit 40 Min.

396 kcal | 1656 kJ

1 Bund	**Suppengemüse**
500 g	**Hähnchenbrustfilet**
1 Liter	**Gemüsebrühe**
	(4 1/2 TL Instantpulver)
	Salz, Pfeffer
160 g	**trockener Vollkornreis**
1/2	**Bund Petersilie**
1 EL	**Halbfettmargarine**
2 EL	**Mehl**
50 g	**Schmand**
200 g	**Spargel (Konserve)**

1 Karotten und Sellerie schälen und in Würfel schneiden. Lauch waschen und in Ringe schneiden. Hähnchenbrustfilet trocken tupfen, mit Gemüse und Brühe in einen Topf füllen und auf hoher Stufe aufkochen. Mit Pfeffer würzen und auf niedriger Stufe ca. 30 Minuten köcheln lassen.

2 Reis nach Packungsanweisung in Salzwasser garen. Petersilie waschen, trocken schütteln und hacken. Fleisch aus der Suppe nehmen und in Streifen schneiden. Gemüse abgießen und Brühe dabei auffangen.

3 Margarine in dem Topf schmelzen, mit Mehl bestäuben und mit 500 ml der aufgefangenen Brühe zu einer glatten Sauce verrühren. Petersilie unterrühren, mit Schmand verfeinern und mit 1/4 TL Salz und 1 Prise Pfeffer würzen. Spargel abtropfen lassen, in Stücke schneiden, mit Gemüse und Fleisch zur Sauce geben und 2–3 Minuten erwärmen. Hühnerfrikassee mit Salz und Pfeffer abschmecken und mit Reis servieren.

Darf's ein bisschen Farbe sein?

Für ein grünes Hühnerfrikassee kannst du den Spargel durch 200 g gehackten Spinat ersetzen.

1

2

3

4

Pulled Chicken Burger

Für 4 Personen   **Zubereitungszeit 25 Min.**   **Garzeit 80 Min.**

368 kcal | 1540 kJ

500 g	**Hähnchenbrustfilet**
400 g	**passierte Tomaten (Konserve)**
250 ml	**Gemüsebrühe (1 TL Instantpulver)**
	Salz, Pfeffer
1 TL	**brauner Zucker**
2 TL	**Paprikapulver**
1 TL	**Senfkörner**
4	**Vollkornbrötchen**
8 Blätter	**Kopfsalat**
50 g	**Salatcreme, bis 10 % Fett**
2 TL	**Zitronensaft**

1 Backofen auf 180° C (Gas: Stufe 2, Umluft: 160° C) vorheizen. Hähnchenbrustfilet trocken tupfen, halbieren und in eine Auflaufform (ca. 20 x 30 cm) setzen. Tomaten mit Brühe, 1/2 TL Salz, Zucker, Paprikapulver und Senfkörnern verrühren und über das Hähnchen gießen. Hähnchen mit Alufolie abdecken und im Backofen auf mittlerer Schiene ca. 80 Minuten garen, dabei die letzten 20 Minuten ohne Alufolie garen.

2 Brötchen aufschneiden. Salat waschen und trocken schleudern. Salatcreme mit Zitronensaft verrühren, mit Pfeffer abschmecken und untere Brötchenhälften damit bestreichen.

3 Hähnchen aus dem Ofen nehmen, kurz ruhen lassen und mit Hilfe von 2 Gabeln zerrupfen. Salat und Pulled Chicken auf dem Brötchen anrichten, mit Sauce beträufeln, mit oberen Brötchenhälften abdecken und servieren.

Nicoles Tipp:

Lasst euch nicht von der langen Garzeit abschrecken. Die Zubereitung geht ruck zuck und während das Hähnchen im Ofen ist, können andere Sachen erledigt werden.

Hähnchen-Auberginen-Pfanne mit Zuckererbsenschoten

Für 4 Personen **Zubereitungszeit 20 Min.** **Garzeit 30 Min.**

422 kcal | 1765 kJ

160 g	**trockener Vollkornreis**
	Salz, Pfeffer
100 ml	**Geflügelfond**
50 ml	**Sojasauce**
1 EL	**Mirin**
1 EL	**Speisestärke**
3 TL	**Sesamöl**
2	**Knoblauchzehen**
1 Stück	**Ingwer (ca. 4 cm)**
4	**Frühlingszwiebeln**
6	**Thai-Auberginen**
250 g	**Zuckererbsenschoten**
500 g	**Hähnchenbrustfilet**

1 Reis nach Packungsanweisung in Salzwasser garen. Für die Sauce Geflügelfond mit Sojasauce, Mirin, Stärke und 1 TL Öl verrühren und Würzsauce zur Seite stellen.

2 Knoblauch fein hacken. Ingwer schälen und reiben. Frühlingszwiebeln waschen und in Ringe schneiden. Auberginen waschen, längs halbieren und in Scheiben schneiden. Zuckererbsenschoten waschen.

3 Hähnchenbrustfilet trocken tupfen und in Würfel schneiden. 1 TL Öl in einem Wok auf hoher Stufe erhitzen, Hähnchen darin ca. 5 Minuten rundherum braten, mit Salz und Pfeffer würzen und herausnehmen.

4 Restliches Öl im Bratensatz auf mittlerer Stufe erhitzen, Knoblauch, Ingwer und Auberginen zufügen und ca. 3 Minuten andünsten. Würzsauce, Hähnchen, Frühlingszwiebeln und Zuckererbsenschoten zufügen und auf mittlerer Stufe 2–3 Minuten köcheln lassen.

5 Hähnchen-Auberginen-Pfanne mit Salz und Pfeffer abschmecken und mit Reis servieren.

Hähnchen India mit Mango-Raita

Für 4 Personen   **Zubereitungszeit 15 Min.**   **Garzeit 10 Min.**   **Marinierzeit 10 Min.**

374 kcal | 1567 kJ

1 Stück	**Ingwer (ca. 3 cm)**
500 g	**griechischer Joghurt, Natur, bis 0,2 % Fett**
1 TL	**Garam Masala**
	Salz, Pfeffer
4	**Hähnchenbrustfilets (à 120 g)**
1 TL	**Rapsöl**
1	**Mango**
1	**Salatgurke**
2 EL	**gehackte Minze**
1 Prise	**Cayennepfeffer**
200 g	**Naan-Brot**

1 Für die Marinade Ingwer schälen, reiben und mit 100 g Joghurt, Garam Masala, 1/2 TL Salz und 1/4 TL Pfeffer verrühren. Hähnchenbrustfilets trocken tupfen, samt Marinade in einen Gefrierbeutel geben, gut verkneten und im Kühlschrank ca. 10 Minuten marinieren.

2 Öl in einer Pfanne auf mittlerer Stufe erhitzen und Hähnchenbrustfilets darin 4–5 Minuten von jeder Seite braten. Mango schälen, das Fruchtfleisch vom Stein schneiden und Mango würfeln. Gurke waschen und in feine Würfel schneiden.

3 Restlichen Joghurt mit Mango, Gurke und Minze vermischen und mit Salz und Cayennepfeffer würzen. Hähnchen India mit Mango-Raita und Brot servieren.

Raita ...

... ist ein beliebte indische Beilage auf Joghurtbasis. Es gibt sie in vielen verschiedenen Varianten, von Gurken-, Tomaten- bis Bananenraita. Der Joghurtdip passt sehr gut zu scharfen Gerichten und mildert die Schärfe.

Ingwerhähnchen mit Pak Choi

Für 2 Personen   Zubereitungszeit 15 Min.   Garzeit 30 Min.   Marinierzeit 30 Min.

376 kcal | 1572 kJ

1 Stück	**Ingwer (ca. 3 cm)**
1/2	**unbehandelte Zitrone**
250 g	**Hähnchenbrustfilet**
4 EL	**Sojasauce**
80 g	**trockener Vollkornreis**
	Salz, Pfeffer
3	**Pak Choi (ca. 400 g)**
1	**rote Chilischote**
2 TL	**Erdnussöl**
100 ml	**Wasser**

1 Ingwer schälen und fein reiben. 1/2 TL Zitronenschale abreiben und Zitronenhälfte auspressen. Hähnchenbrustfilet trocken tupfen, in feine Streifen schneiden, mit Ingwer, Zitronenschale, -saft und 2 EL Sojasauce in einen Gefrierbeutel geben, gut verkneten und im Kühlschrank ca. 30 Minuten marinieren.

2 Reis nach Packungsanweisung in Salzwasser garen. Pak Choi waschen und in grobe Stücke schneiden. Chilischote waschen, entkernen und in feine Ringe schneiden.

3 Hähnchenbrustfilet abtropfen lassen und Marinade dabei auffangen. Öl in einer Pfanne auf hoher Stufe erhitzen, Hähnchen darin ca. 5 Minuten rundherum anbraten und mit Marinade und Wasser ablöschen. Pak Choi und Chili zufügen, mit restlicher Sojasauce verfeinern, ca. 10 Minuten auf niedriger Stufe garen und mit Salz und Pfeffer abschmecken. Ingwerhähnchen mit Pak Choi und Reis servieren.

Chicken Wings mit Zitronen-Rosmarin-Kartoffeln

Für 4 Personen   Zubereitungszeit 20 Min.   Garzeit 35 Min.   Marinierzeit 30 Min.

374 kcal | 1565 kJ

8	**Hähnchenflügel, mit Haut (75 g verzehrbarer Anteil)**
	Salz
2 TL	**Brathähnchengewürz**
1 TL	**Paprikapulver**
400 g	**festkochende Kartoffeln**
1	**unbehandelte Zitrone**
2 Zweige	**Rosmarin**
2 TL	**Olivenöl**

1 Hähnchenflügel trocken tupfen, mit 1 TL Salz, Brathähnchengewürz und Paprikapulver in einen Gefrierbeutel geben, gut verkneten und ca. 30 Minuten im Kühlschrank marinieren.

2 Backofen auf 200° C (Gas: Stufe 2, Umluft: 180° C) vorheizen. Kartoffeln waschen und vierteln. Zitrone in Spalten schneiden. Rosmarin waschen und trocken schütteln.

3 Kartoffeln und Zitronen auf einer Hälfte eines mit Backpapier ausgelegten Backblechs verteilen, mit Öl beträufeln, salzen und mit Rosmarin belegen. Hähnchenflügel auf der anderen Hälfte verteilen und im Backofen auf mittlerer Schiene 30–35 Minuten backen. Chicken Wings mit Zitronen-Rosmarin-Kartoffeln servieren.

Nicoles Tipp:

Wer es so wie ich besonders kross mag, lässt die Chicken Wings noch 10–15 Minuten länger im Ofen. Super Lecker!

Eine gute Ergänzung

Zu den knusprigen Chicken Wings passt ein grüner Salat mit erfrischendem WW Zitronen Joghurt Dressing.

Du liebst es scharf?

Dann mariniere die Chicken Wings zusätzlich mit 1–2 TL Chilipulver, je nach gewünschtem Schärfegrad.

Quinoa-Kräuter-Schnitzel mit Fattoush

Für 4 Personen   Zubereitungszeit 30 Min.   Garzeit 25 Min.   Kühlzeit 20 Min.

439 kcal | 1838 kJ

100 g	**trockene Quinoa**
	Salz, Pfeffer
1/2 Bund	**glatte Petersilie**
4	**Putenschnitzel (á 120 g)**
2 EL	**Mehl**
1	**Ei (Größe M)**
3 TL	**Olivenöl**
100 g	**Fladenbrot**
400 g	**Cocktailtomaten**
1	**Salatgurke**
1	**gelbe Paprika**
100 g	**Radieschen**
1/2 Bund	**Minze**
2 EL	**Limettensaft**
1	**Knoblauchzehe**
200 g	**Magermilchjoghurt**

1 Quinoa nach Packungsanweisung in Salzwasser garen und ca. 20 Minuten abkühlen lassen. Petersilie waschen und trocken schütteln. Einige Zweige zur Seite legen und restliche Petersilie hacken. Putenschnitzel trocken tupfen und flacher klopfen.

2 Backofen auf 200° C (Gas: Stufe 2, Umluft: 180° C) vorheizen. Quinoa mit 2 EL gehackter Petersilie vermengen und auf einen Teller geben. Mehl auf einen zweiten Teller geben, Ei in einen weiteren tiefen Teller geben und verquirlen. Schnitzel erst in Mehl, dann in Ei, danach in der Quinoa-Kräuter-Mischung wenden und Panade vorsichtig mit den Fingern andrücken.

3 2 TL Öl in einer Pfanne auf hoher Stufe erhitzen und Schnitzel darin ca. 2 Minuten von jeder Seite braten. Fladenbrot und Schnitzel auf ein mit Backpapier ausgelegtes Backblech legen und im Backofen auf mittlerer Schiene 8–10 Minuten backen.

4 Tomaten waschen und halbieren. Gurke waschen und mit einem Sparschäler in lange Streifen schneiden. Paprika waschen, entkernen und in feine Streifen schneiden. Radieschen waschen und in dünne Scheiben schneiden. Minze waschen, trocken schütteln, Blätter abzupfen und die Hälfte hacken.

5 Limettensaft mit restlichem Öl, restlicher Petersilie, Tomaten, Gurke und Paprika vermischen. Knoblauch pressen, mit Joghurt und gehackter Minze verrühren und mit Salz und Pfeffer abschmecken. Fladenbrot in kleine Stücke brechen und unter den Salat heben. Quinoa-Kräuter-Schnitzel mit Brotsalat, Dip und Minzblättern garniert servieren.

Cajun-Geflügel-Pfanne

Für 4 Personen   Zubereitungszeit 20 Min.   Garzeit 20 Min.

407 kcal | 1703 kJ

160 g	**trockener Basmatireis**
	Salz, Pfeffer
1	**Zwiebel**
je 1	**rote, gelbe und grüne**
	Paprika
500 g	**Putenbrustfilet**
2 TL	**Olivenöl**
1 TL	**Paprikapulver**
1	**TL Chiliflocken**
150 ml	**Gemüsebrühe**
	(1/2 TL Instantpulver)
1/2	**Ananas**
2 EL	**gehackter Koriander**

1 Reis nach Packungsanweisung in Salzwasser garen. Zwiebel schälen und in feine Würfel schneiden. Paprika waschen, entkernen und in Streifen schneiden. Putenbrustfilet trocken tupfen und in Stücke schneiden.

2 Öl in einer tiefen Pfanne auf mittlerer Stufe erhitzen und Zwiebeln darin 2–3 Minuten andünsten. Fleisch zufügen, ca. 5 Minuten mitbraten und mit Salz, Pfeffer, Paprikapulver und 1/2 TL Chiliflocken würzen.

3 Paprika dazugeben, Brühe angießen und ca. 10 Minuten garen. Ananas schälen, halbieren, Strunk entfernen und Ananas würfeln. Reis und Ananas zum Gemüse geben und ca. 5 Minuten mitgaren. Cajun-Geflügel-Pfanne mit Salz und Chiliflocken abschmecken und mit Koriander garniert servieren.

Mandelschnitzel mit Korianderrotkohl

Für 4 Personen   **Zubereitungszeit 25 Min.**   **Garzeit 15 Min.**

266 kcal | 1113 kJ

1	**kleiner Rotkohl (700 g)**
1 Bund	**Koriander**
	Salz, Pfeffer
4 TL	**Olivenöl**
3 TL	**Zitronensaft**
3 EL	**Pankomehl**
2 EL	**gemahlene Mandeln**
1	**Eiklar (Größe M)**
4	**Hähnchenschnitzel**
	(à 120 g)
1/4 TL	**Chilipulver**

1 Rotkohl putzen, vierteln, den Strunk entfernen und Rotkohl in feine Streifen schneiden. Koriander waschen, trocken schütteln und grob hacken. Rotkohl mit 1 TL Salz verkneten. Koriander, 1 TL Öl und Zitronensaft zufügen, vermischen und kurz ziehen lassen.

2 Pankomehl mit Mandeln vermengen und in einen tiefen Teller geben. Eiklar in einen weiteren tiefen Teller geben und verquirlen. Hähnchenschnitzel trocken tupfen, salzen und mit Chilipulver würzen. Schnitzel erst in Ei und danach in Panko-Mandel-Mischung wenden.

3 Restliches Öl in einer Pfanne auf mittlerer Stufe erhitzen und Schnitzel darin 6–8 Minuten von jeder Seite braten. Korianderrotkohl mit Salz und Pfeffer abschmecken und mit Mandelschnitzeln servieren.

Kokossuppe mit Geflügelstreifen

Für 2 Personen   **Zubereitungszeit 15 Min.**   **Garzeit 20 Min.**

365 kcal | 1526 kJ

250 g	**Hähnchenbrustfilet**
1 Stück	**Ingwer (ca. 5 cm)**
4	**kleine Karotten**
6	**Thai-Auberginen**
180 g	**Bambussprossen (Konserve)**
4 Stängel	**Thaibasilikum**
200 ml	**fettreduzierte Kokosmilch**
1 EL	**rote Currypaste**
400 ml	**Gemüsebrühe (2 TL Instantpulver)**
2 TL	**Zitronensaft**
	Salz, Pfeffer

1 Hähnchenbrustfilet trocken tupfen und in Streifen schneiden. Ingwer und Karotten schälen, Ingwer fein hacken und Karotten schräg in Scheiben schneiden. Auberginen waschen und vierteln. Bambussprossen abtropfen lassen. Basilikum waschen, trocken schütteln und Blätter abzupfen.

2 Kokosmilch in einem Topf auf mittlerer Stufe erhitzen, Currypaste zufügen und darin auflösen. Ingwer und Brühe zufügen und aufkochen. Hähnchen, Karotten, Bambussprossen und Thaibasilikum zufügen und ca. 20 Minuten garen. Kokossuppe mit Zitronensaft, Salz und Pfeffer abschmecken, Thaibasilikum entfernen und servieren.

Hähnchen-Zwiebel-Pizza mit Ziegenkäse

Für 6 Stücke   **Zubereitungszeit 25 Min.**   **Garzeit 40 Min.**

293 kcal | 1225 kJ

3	**Zwiebeln**
2	**Knoblauchzehen**
250 g	**Hähnchenbrustfilet**
3 TL	**Olivenöl**
	Salz, Pfeffer
2 TL	**Honig**
1 EL	**dunkler Balsamicoessig**
10	**entsteinte schwarze Oliven in Lake (z. B. Kalamata)**
1 TL	**gehackter Rosmarin**
1 Packung	**Pizzateig (Frischprodukt, 400 g)**
100 g	**Ziegenfrischkäse, 45 % Fett i. Tr.**
1 EL	**gehackte glatte Petersilie**

1 Zwiebeln schälen und in feine Streifen schneiden. Knoblauch fein hacken. Hähnchenbrustfilet trocken tupfen und in Würfel schneiden. 1 TL Öl in einer Grillpfanne auf hoher Stufe erhitzen, Hähnchen darin ca. 5 Minuten rundherum braten und mit Salz und Pfeffer würzen.

2 Hähnchen aus der Pfanne nehmen, restliches Öl im Bratensatz auf mittlerer Stufe erhitzen und Knoblauch mit Zwiebeln darin ca. 10 Minuten glasig andünsten. Honig einrühren, mit Essig ablöschen und ca. 5 Minuten ziehen lassen.

3 Backofen auf 200° C (Gas: Stufe 2, Umluft: 180° C) vorheizen. Oliven hacken und mit Rosmarin und Hähnchen unter die Zwiebelmischung heben.

4 Pizzateig entrollen, auf ein mit Backpapier ausgelegtes Backblech geben, Zwiebel-Hähnchen-Mischung darauf geben und Ziegenkäse in Klecksen darauf verteilen. Pizza im Backofen auf mittlerer Schiene 20–25 Minuten backen, in 6 Stücke teilen und mit Petersilie bestreut servieren.

Einfach praktisch!

Den WW Oven Liner Backfolie kannst du im Gegensatz zu Backpapier mehrfach verwenden. Einfach auf das Backblech legen, die Beschichtung ermöglicht eine optimale Bräunung ohne Zusatz von Fett. Erhältlich im WW Studio oder auf wwshop.de.

Tandoori-Hähnchen-Spieße mit Ofengemüse

Für 4 Personen   Zubereitungszeit 20 Min.   Garzeit 30 Min.   Marinierzeit 2 Std.

266 kcal | 1112 kJ

1 Stück	**Ingwer (ca. 4 cm)**
2	**Knoblauchzehen**
150 g	**griechischer Joghurt, Natur, bis 0,2 % Fett**
2 TL	**Garam Masala**
1 TL	**Kurkuma**
1 TL	**Kreuzkümmel**
1 TL	**Chilipulver**
	Salz, Pfeffer
500 g	**Hähnchenbrustfilet**
1	**rote Zwiebel**
2	**Zucchini**
1	**kleiner Blumenkohl**
3 TL	**Rapsöl**
1 TL	**Senfkörner**
1	**Zitrone**
2 EL	**gehackter Koriander**

1 Ingwer schälen und fein hacken. Knoblauch pressen und mit Joghurt, Ingwer, 1 TL Garam Masala, 1/2 TL Kurkuma, Kreuzkümmel, Chilipulver und 1/2 TL Salz verrühren. Hähnchenbrustfilet trocken tupfen, in Stücke schneiden, mit der Marinade in einen Gefrierbeutel geben, gut verkneten und im Kühlschrank ca. 2 Stunden marinieren.

2 Backofen auf 200° C (Gas: Stufe 2, Umluft: 180° C) vorheizen. Zwiebel schälen und in Spalten schneiden. Zucchini waschen, längs halbieren und in breite Scheiben schneiden. Blumenkohl waschen und in Röschen teilen. Öl mit Senfkörnern, restlichen Garam Masala, Kurkuma, Salz und Pfeffer verrühren. Zwiebeln, Zucchini und Blumenkohl auf einem mit Backpapier ausgelegten Backblech verteilen und mit Würzöl beträufeln. Zitrone halbieren, 1/2 Zitrone auspressen und restliche Zitrone in Spalten schneiden. Gemüse mit Zitronensaft beträufeln und im Backofen auf mittlerer Schiene ca. 10 Minuten garen.

3 Hähnchen aus der Marinade nehmen und auf 4 Spieße stocken, auf das Ofengemüse setzen und 10 Minuten garen. Hähnchen-Tandoori-Spieße wenden und weitere 10 Minuten rösten. Tandoori-Hähnchen-Spieße mit Ofengemüse auf Tellern anrichten, mit Koriander bestreuen und mit Zitronenspalten garniert servieren.

Hähnchen-Kartoffel-Salat mit Estragonvinaigrette

Für 4 Personen Zubereitungszeit 25 Min. Garzeit 20 Min.

393 kcal | 1645 kJ

500 g	**Drillinge (kleine Kartoffeln)**
	Salz, Pfeffer
600 g	**grüne Bohnen**
2	**Eier (Größe M)**
4	**Hähnchenbrustfilets (à 120 g)**
4 TL	**Olivenöl**
200 g	**Pflücksalatmischung (Kühltheke)**
4	**Tomaten**
1	**rote Zwiebel**
1	**kleine Schalotte**
8	**entsteinte schwarze Oliven in Lake**
3 EL	**Weißweinessig**
3 TL	**Wasser**
2 TL	**Senf**
2 TL	**gehackter Estragon**

1 Kartoffeln waschen und mit Schale in Salzwasser ca. 20 Minuten kochen. Bohnen waschen, halbieren und in kochendem Salzwasser ca. 10 Minuten garen. Eier in kochendem Wasser ca. 8 Minuten hart kochen.

2 Hähnchenbrustfilets trocken tupfen und mit Salz und Pfeffer würzen. 2 TL Öl in einer Grillpfanne auf hoher Stufe erhitzen und Hähnchen darin ca. 5 Minuten von jeder Seite braten.

3 Salat waschen und trocken schleudern. Tomaten waschen und in Spalten schneiden. Zwiebel schälen und in feine Würfel schneiden.

4 Für die Vinaigrette Schalotte schälen und mit Oliven halbieren. Essig mit Wasser, restlichem Öl, Senf und Estragon verrühren, Oliven und Schalotte unterheben und mit Salz und Pfeffer abschmecken.

5 Kartoffeln und Bohnen abgießen. Eier abschrecken, pellen und vierteln. Hähnchenbrustfilets schräg in Tranchen schneiden und Kartoffeln halbieren. Salat mit Kartoffeln, Tomaten, Zwiebeln und Bohnen vermischen. Hähnchen und Ei darauf anrichten und mit Vinaigrette beträufelt servieren.

Chinesische Bratnudeln mit Ei

Für 4 Personen   **Zubereitungszeit 20 Min.**   **Garzeit 20 Min.**

396 kcal | 1659 kJ

400 g	**Hähnchenbrustfilet**
2 Stangen	**Lauch**
600 g	**Karotten**
170 g	**Sojabohnenkeimlinge (Konserve)**
1	**Knoblauchzehe**
2 TL	**Erdnussöl**
3 EL	**Sojasauce**
100 ml	**Wasser**
125 g	**trockene Mie-Nudeln**
	Salz, Pfeffer
2	**Eier (Größe M)**
2	**Frühlingszwiebeln**

1 Hähnchenbrustfilet trocken tupfen und in Streifen scheiden. Lauch waschen und in Ringe schneiden. Karotten schälen und in Stifte schneiden. Sojabohnenkeimlinge abtropfen lassen. Knoblauch pressen.

2 Öl in einem Wok oder einer tiefen Pfanne auf mittlerer Stufe erhitzen und Knoblauch darin ca. 1 Minute anrösten. Hähnchen dazugeben und ca. 5 Minuten mitbraten. Lauch, Karotten und Sojabohnenkeimlinge zufügen, mit Sojasauce und Wasser ablöschen und ca. 10 Minuten garen.

3 Nudeln nach Packungsanweisung in Salzwasser garen und abgießen. Eier verquirlen. Frühlingszwiebeln waschen und in Ringe schneiden. Nudeln unter das Gemüse heben und ca. 3 Minuten mitbraten. Eier zufügen, 2–3 Minuten unter Rühren stocken lassen und Bratnudeln mit Salz und Pfeffer abschmecken. Chinesische Bratnudeln mit Frühlingszwiebeln bestreut servieren.

Asiatischer Hähnchen-Erdnuss-Salat

Für 4 Personen   **Zubereitungszeit 20 Min.**   **Garzeit 35 Min.**   **Kühlzeit 10 Min.**

306 kcal | 1281 kJ

500 g	**Hähnchenbrustfilet**
1 Liter	**Gemüsebrühe**
	(4 TL Instantpulver)
1	**Chinakohl**
4	**Frühlingszwiebeln**
3	**Karotten**
1 Stück	**Ingwer (ca. 5 cm)**
1	**Salatgurke**
100 g	**Edamame (TK)**
	Salz, Pfeffer
3 EL	**Erdnusscreme**
1 EL	**Hoisin Sauce**
3 TL	**Reisessig**
2 TL	**Wasser**
1 EL	**Sojasauce**
2 TL	**Chilisauce**
	(auf Tomatenbasis)
1/2 Bund	**Koriander**

1 Hähnchenbrustfilet trocken tupfen, in einen Topf geben, Gemüsebrühe zufügen und aufkochen. Hähnchen auf mittlerer Stufe mit Deckel ca. 30 Minuten garen, herausnehmen, ca. 10 Minuten abkühlen lassen und in feine Streifen schneiden.

2 Chinakohl waschen, Boden samt Strunk entfernen und Chinakohl in feine Streifen schneiden. Frühlingszwiebeln waschen und in Ringe schneiden. Karotten schälen und in feine Stifte schneiden. Ingwer schälen und reiben. Gurke waschen, längs halbieren und in dünne Scheiben schneiden.

3 Edamame in kochendem Salzwasser ca. 5 Minuten garen und abgießen. Für das Dressing Erdnusscreme mit Hoisin Sauce, Essig, Wasser, Sojasauce, Chilisauce, Frühlingszwiebeln, Ingwer, Salz und Pfeffer pürieren. Koriander waschen, trocken schütteln und grob hacken.

4 Chinakohl, Edamame, Karotten, Gurke und Hähnchen mit Dressing vermischen. Asiatischen Hähnchen-Erdnuss-Salat mit Koriander bestreut servieren.

Geflügelroulade Italia mit Bandnudeln

Für 4 Personen   **Zubereitungszeit 30 Min.**   **Garzeit 50 Min.**

466 kcal | 1949 kJ

4	**Putenschnitzel (à 120 g)**
2 Scheiben	**Parmaschinken**
40 g	**getrocknete Tomaten ohne Öl**
2 EL	**geriebener Parmesan**
2 TL	**Olivenöl**
400 ml	**Geflügelfond**
2 TL	**getrockneter Oregano**
800 g	**grüne Bohnen**
2 TL	**Bohnenkraut**
	Salz, Pfeffer
200 g	**trockene Vollkorn-Bandnudeln**
50 g	**Crème légère**

1 Putenschnitzel trocken tupfen und flacher klopfen. Parmaschinken halbieren und Tomaten fein hacken. Putenschnitzel mit Parmaschinken und Tomaten belegen. Mit Parmesan bestreuen, Seiten etwas einklappen, zu Rouladen aufrollen und mit Spießen feststecken.

2 Öl in einem Topf auf mittlerer Stufe erhitzen, Geflügelrouladen darin ca. 10 Minuten rundherum anbraten, mit Fond ablöschen, mit Oregano verfeinern und ca. 40 Minuten mit Deckel schmoren.

3 Bohnen waschen und mit Bohnenkraut in Salzwasser ca. 10 Minuten garen. Nudeln nach Packungsanweisung in Salzwasser garen und abgießen. Geflügelrouladen aus der Sauce nehmen, Sauce mit Crème légère verfeinern und mit Salz und Pfeffer abschmecken. Geflügelrouladen Italia mit Bandnudeln und grünen Bohnen servieren.

Varianten mit Punktlandung

Ersetze den Parmaschinken und die getrockneten Tomaten für andere Geschmacksrichtungen durch:
Roulade Greccia: 10 gehackte schwarze Oliven, in Lake und 60 g zerbröselten Schafskäse, 25% Fett i. Tr.
Roulade Orient: 3 gehackte getrocknete Datteln, 1 EL Harissapaste und 2 TL Pinienkerne.
Der SmartPoints Wert ändert sich bei beiden Varianten nicht.

Tramezzini mit Geflügelsalat

Für 6 Stück   **Zubereitungszeit 15 Min.**   **Garzeit 30 Min.**   **Kühlzeit 20 Min.**

189 kcal | 789 kJ

250 g	**Hähnchenbrustfilet**
1 Liter	**Gemüsebrühe** **(4 1/2 Instantpulver)**
100 g	**Salatcreme, bis 10 % Fett**
50 g	**Magermilchjoghurt**
2 TL	**Zitronensaft**
1 TL	**Curry**
100 g	**Mandarinen, leicht** **gezuckert (Konserve)**
110 g	**Mini-Champignons** **(Konserve)**
6 Blätter	**Romanasalat**
6 Scheiben	**Dinkeltoast (groß)**

1   Hähnchen trocken tupfen, mit Brühe in einem Topf, aufkochen und ca. 30 Minuten köcheln lassen. Hähnchen herausnehmen, abkühlen lassen und in feine Stücke schneiden.

2   Salatcreme mit Joghurt, Zitronensaft, Curry, Salz und Pfeffer verrühren. Mandarinen und Champignons abtropfen lassen. Champignons in Scheiben schneiden, mit Mandarinen, Creme und Hähnchenstücken vermischen und mit Salz und Pfeffer abschmecken. Salat waschen und trocken schleudern. Toast rösten. 3 Toastscheiben mit Salat belegen und Geflügelsalat darauf verteilen. Mit restlichem Toast abdecken und diagonal halbieren. Tramezzini mit restlichem Geflügelsalat servieren.

Pilz-Geflügel-Ragout mit Knödeln

Für 2 Personen   Zubereitungszeit 20 Min.   Garzeit 25 Min.

392 kcal | 1642 kJ

250 g	**Hähnchenbrustfilet**
1	**Zwiebel**
400 g	**Champignons**
2 TL	**Olivenöl**
	Salz, Pfeffer
200 ml	**Gemüsebrühe**
	(1 TL Instantpulver)
2 TL	**getrockneter Estragon**
8	**Mini Kartoffelknödel**
	(Fertigprodukt)
1 EL	**Kartoffelstärke**
2 EL	**Wasser**
50 g	**Crème légère**

1 Hähnchenbrustfilet trocken tupfen und in Stücke schneiden. Zwiebel schälen und fein würfeln. Champignons trocken abreiben und vierteln. Öl in einem Topf auf mittlerer Stufe erhitzen und Zwiebeln darin ca. 3 Minuten andünsten. Hähnchen zufügen, ca. 5 Minuten mitbraten und mit Salz und Pfeffer würzen.

2 Champignons ca. 3 Minuten mitbraten, mit Brühe ablöschen, mit Estragon verfeinern und ca. 10 Minuten garen. Knödel nach Packungsanweisung in Salzwasser garen und abgießen.

3 Stärke mit Wasser anrühren, zum Ragout geben und aufkochen. Mit Crème légère verfeinern und mit Salz und Pfeffer abschmecken. Pilz-Geflügel-Ragout mit Knödeln servieren.

Brathähnchen mit Kartoffeln und Artischocken

Für 6 Personen   **Zubereitungszeit 30 Min.**   **Garzeit 70 Min.**

418 kcal | 1749 kJ

2	**Knoblauchzehen**
1	**unbehandelte Zitrone**
1 TL	**Olivenöl**
2 TL	**getrockneter Thymian**
	Salz, Pfeffer
1,5 kg	**Brathähnchen mit Haut (ca. 1 kg verzehrbarer Anteil)**
600 g	**Drillinge (kleine Kartoffeln)**
4	**Karotten**
400 g	**Artischockenherzen (Konserve)**

1 Backofen auf 200° C (Gas: Stufe 3, Umluft: 180° C) vorheizen. Für die Knoblauch-Thymian-Mischung Knoblauch pressen. 1 TL Zitronenschale abreiben und mit Knoblauch, Öl, Thymian, 1 TL Salz und 1/4 TL Pfeffer vermischen.

2 Hähnchen trocken tupfen und auf ein tiefes Backblech setzen. Haut an Brust und Schenkeln lösen und die Hälfte der Knoblauch-Thymian-Mischung unter der Haut verreiben. Zitrone auspressen. Schenkel mit Küchengarn fixieren, Zitronensaft und 100 ml Wasser angießen und Hähnchen im Backofen auf mittlerer Schiene ca. 30 Minuten garen.

3 Kartoffeln waschen und halbieren. Karotten schälen und in grobe Stücke schneiden. Artischocken abtropfen lassen. Kartoffeln, Artischocken und Karotten mit der restlichen Knoblauch-Thymian-Mischung vermengen und um das Hähnchen verteilen. Hähnchen mit Bratensud übergießen und weitere 35–40 Minuten garen. Brathähnchen aus dem Ofen nehmen, ca. 10 Minuten ruhen lassen und mit Kartoffeln und Gemüse servieren.

Hähnchen-Gemüse-Suppe mit Sobanudeln

Für 4 Personen **Zubereitungszeit 20 Min.** **Garzeit 25 Min.**

296 kcal | 1238 kJ

1 Stück	**Ingwer (ca. 4 cm)**
400 g	**Hähnchenbrustfilet**
1 TL	**Sesamöl**
	Salz, Pfeffer
1,2 Liter	**Gemüsebrühe**
	(1/2 TL Instantpulver)
3	**Karotten**
1	**rote Paprika**
200 g	**Baby-Blattspinat**
100 g	**Edamame (TK)**
100 g	**trockene Sobanudeln**
3 EL	**Sojasauce**
2 EL	**gehackter Koriander**

1 Ingwer schälen und fein hacken. Hähnchenbrustfilet trocken tupfen und in ca. 2 cm große Stücke schneiden. Öl in einem großen Topf auf hoher Stufe erhitzen, Ingwer und Hähnchen zufügen, mit 1/2 TL Salz würzen und unter Rühren 3–4 Minuten anbraten. Mit Brühe ablöschen, aufkochen und auf mittlerer Stufe mit Deckel ca. 10 Minuten garen.

2 Karotten schälen und in feine Stifte schneiden. Paprika waschen, entkernen und in feine Streifen schneiden. Spinat waschen und trocken schleudern.

3 Karotten, Paprika und Edamame zum Hähnchen geben und weitere ca. 5 Minuten mit Deckel garen. Sobanudeln, Spinat und Sojasauce zufügen und weitere ca. 3 Minuten garen. Hähnchen-Gemüse-Suppe mit Salz und Pfeffer abschmecken, mit Koriander verfeinern und servieren.

Kräftiges mit Rind

DAS BESTE VOM
Rind

KAMM, NACKEN, HALS

HOCHRIPPE

ROASTBEEF

HÜFTE

FILET

RIPPE BRUST

BUG, SCHULTER

BRUST

BAUCH

KUGEL

UNTER- UND OBERSCHALE

RIPPE

VORDERHESSE

HINTERHESSE

RINDERFILET

Das Rinderfilet ist das edelste und teuerste Teilstück vom Rind. Es liegt links und rechts neben der Wirbelsäule, unter dem Roastbeef. Das besonders magere Fleisch ist sehr feinfaserig, zart und saftig. Aus dem Filet werden Filetsteaks und Filetspitzen geschnitten. Es wird aber auch für Beef Tatar oder Carpaccio in roher Form verwendet.

STEAK

Das Hüftsteak wird, wie der Name schon sagt, aus der Hüfte geschnitten und liefert sehr zartes, fettarmes Fleisch. Das Entrecôte (frz.: „zwischen den Rippen") wird auch als Rib-Eye-Steak bezeichnet, was sich vom Fettkern in der Mitte ableitet. Das Rumpsteak hingegen wird aus dem Roastbeef geschnitten und gehört zu den beliebtesten Steaksorten. Auch das T-Bone Steak (Porterhouse Steak) wird aus dem Rostbeef geschnitten.

Auf den richtigen Schnitt kommt es an

Grundsätzlich gilt: Die zartesten Fleischstücke stammen von Fleischteilen, deren Muskulatur wenig beansprucht wird.

Denn je stärker die Muskeln beansprucht werden, umso gröber werden die Fleischfasern. Fleisch mit kurzen Fleischfasern ist im Gegensatz dazu wesentlich zarter und benötigt eine kürzere Garzeit. Deswegen solltest du beim Fleischschneiden immer auf die richtige Technik achten. Fleisch schneidest du am besten mit einem scharfen Fleischmesser und immer quer zur Faser. Denn durch den falschen Schnitt kann gutes Fleisch schnell zäh und trocken werden.

BRATEN & GULASCH

Die Oberschale gehört zu den wertvollsten Teilen des Rindes. Das Fleisch der Oberschale eignet sich für Rouladen und saftige Rinderbraten, außerdem für mageres Tatar und Fonduefleisch. Das Fleisch der Unterschale ist weniger feinfaserig und eignet sich dadurch gut zum langen Braten und Schmoren. Es ist ideal für die Zubereitung von Gulasch oder Schmorbraten geeignet.

SUPPENFLEISCH

Suppenfleisch bezeichnet verschiedene Stücke vom Rind oder Kalb, die zur Zubereitung von aromatischen Suppen oder Brühen verwendet werden. Suppenfleisch (z. B. Beinscheibe) enthält in der Regel viel Bindegewebe, Fett oder auch Knochen. Durch das lange Kochen bekommen Suppen und Eintöpfe einen kräftigen Geschmack und das Rindfleisch wird durch die lange Garzeit zart.

Koriander-Couscous-Salat mit Steaksstreifen

Für 2 Personen   **Zubereitungszeit 20 Min.**   **Garzeit 20 Min.**

527 kcal | 2206 kJ

1 Bund	**Koriander**
100 g	**trockener Couscous**
	Salz, Pfeffer
200 g	**Cocktailtomaten**
1	**kleine Salatgurke**
1	**kleiner Granatapfel**
1	**Zitrone**
1 TL	**Honig**
2 TL	**Olivenöl**
2	**Rindersteaks (à 150 g)**

1 Koriander waschen, trocken schütteln, Blätter abzupfen und die Hälfte hacken. Couscous nach Packungsanweisung in Salzwasser garen. Tomaten waschen und vierteln. Gurke schälen und in Würfel schneiden. Granatapfel halbieren und Kerne herauslösen.

2 Für das Dressing Zitrone auspressen. Zitronensaft mit Honig und 1 TL Öl verrühren und mit Salz und Pfeffer würzen. Couscous, gehackten Koriander, Tomaten, Granatapfelkerne und Gurken mit Dressing vermischen. Rindersteaks trocken tupfen, in Streifen schneiden und pfeffern.

3 Restliches Öl in einer Pfanne auf hoher Stufe erhitzen, Steaks darin 2–3 Minuten rundherum anbraten und salzen. Koriander-Couscous-Salat auf Teller verteilen, Steakstreifen darauf anrichten und mit Koriander garniert servieren.

Nicoles Tipp:

Der Salat ist superlecker! Falls du das Rezept für 2 Tage nutzen möchtest, solltest du die Steakstreifen jeweils frisch anbraten.

Kalbfleischpfanne mit Bohnen

Für 4 Personen   **Zubereitungszeit 20 Min.**   **Garzeit 25 Min.**   **Marinierzeit 60 Min.**

429 kcal | 1794 kJ

4	**Kalbsschnitzel (à 120 g)**
3 TL	**Senf**
1 TL	**Honig**
	Salz, bunter Pfeffer
2	**Schalotten**
800 g	**grüne Bohnen**
255 g	**weiße Bohnen (Konserve)**
160 g	**trockene Vollkorn-Spiralnudeln**
2 TL	**Rapsöl**
2 TL	**getrockneter Estragon**
200 ml	**Gemüsebrühe (1 TL Instantpulver)**

1   Kalbsschnitzel trocken tupfen, in Streifen schneiden, mit Senf, Honig und 1/2 TL Pfeffer in einen Gefrierbeutel geben, gut verkneten und im Kühlschrank ca. 60 Minuten marinieren. Schalotten schälen und fein würfeln. Grüne Bohnen waschen, in Salzwasser ca. 10 Minuten garen und abgießen. Weiße Bohnen abspülen und abtropfen lassen.

2   Nudeln nach Packungsanweisung in Salzwasser garen. Öl in einer Pfanne erhitzen und Schalotten darin 2–3 Minuten anbraten. Schnitzel ca. 5 Minuten mitbraten und mit Estragon verfeinern. Mit Brühe ablöschen, Bohnen zufügen und ca. 5 weitere Minuten garen. Kalbfleischpfanne mit Salz und Pfeffer abschmecken und mit Nudeln servieren.

Teriyaki-Rindfleisch aus dem Wok

Für 2 Personen   **Zubereitungszeit 15 Min.**   **Garzeit 30 Min.**   **Marinierzeit 12 Std.**

462 kcal | 1935 kJ

250 g	**mageres Rindfleisch**
4 EL	**Teriyaki-Sauce**
2 EL	**Zitronensaft**
1 Stück	**Ingwer (ca. 4 cm)**
1 rote	**Chilischote**
200 g	**Broccoli**
3	**Karotten**
100 g	**Bambussprossen**
	Salz, Pfeffer
80 g	**trockener Vollkornreis**
1 TL	**Erdnussöl**
2 EL	**Sojasauce**
1 TL	**geröstete Erdnüsse**

1 Rindfleisch trocken tupfen, in feine Streifen schneiden, mit 3 EL Teriyaki-Sauce und Zitronensaft in einen Gefrierbeutel geben, gut verkneten und über Nacht marinieren. Ingwer schälen und hacken. Chilischote waschen und in feine Ringe schneiden. Broccoli waschen und in Röschen teilen. Karotten schälen und in Stifte schneiden. Bambussprossen abtropfen lassen.

2 Reis nach Packungsanweisung in Salzwasser garen. Öl in einem Wok erhitzen und Rindfleisch darin ca. 5 Minuten anbraten. Mit Sojasauce, restlicher Teriyaki-Sauce und 100 ml Wasser ablöschen. Gemüse 12–15 Minuten mitgaren. Abschmecken, mit Nüssen bestreuen und mit Reis servieren.

Sonntagsrouladen

Für 4 Personen   Zubereitungszeit 30 Min.   Garzeit 90 Min.

510 kcal | 2135 kJ

1 Bund	**Suppengemüse**
4	**kleine Gewürzgurken**
4	**Rinderrouladen (à 150 g)**
	Salz, Pfeffer
4 TL	**Senf**
2 Scheiben	**Bacon**
2 TL	**Rapsöl**
2 TL	**Paprikapulver**
1 TL	**Zucker**
600 ml	**Rinderfond**
2	**Lorbeerblätter**
500 g	**festkochende Kartoffeln**
900 g	**Erbsen und bunte Karotten (TK)**

1 Karotten und Sellerie schälen und in Würfel schneiden. Lauch waschen und in Ringe schneiden. Gewürzgurken fein würfeln. Rouladen trocken tupfen, flacher klopfen, mit Salz und Pfeffer würzen und mit Senf bestreichen. Bacon halbieren, Rouladen mit Bacon und Gurken belegen, einschlagen, aufrollen und mit Küchengarn oder Rouladennadeln fixieren.

2 Öl in einem großen Topf auf hoher Stufe erhitzen, Rouladen darin ca. 5 Minuten rundherum anbraten und mit Salz, Pfeffer und Paprikapulver würzen. Rouladen herausnehmen. Karotten, Lauch und Sellerie im Bratensatz 3–5 Minuten anrösten, mit Zucker bestreuen und mit Fond ablöschen. Rouladen und Lorbeerblätter zufügen und auf niedriger Stufe ca. 80 Minuten mit Deckel schmoren.

3 Kartoffeln schälen und in Salzwasser ca. 20 Minuten garen. Erbsen und Karotten nach Packungsanweisung garen. Rouladen aus der Sauce nehmen, Lorbeerblätter entfernen, Sauce pürieren und mit Salz und Pfeffer würzen. Kartoffeln abgießen und mit Rouladen, Erbsen, Karotten und Sauce servieren.

1

2

3

4

Nicoles Lieblingsrezept

Kräftiges mit Rind 59

Rinderfilet mit Drillingen und Meerrettichcreme

Für 4 Personen   Zubereitungszeit 25 Min.   Garzeit 40 Min.

412 kcal | 1725 kJ

200 g	**griechischer Joghurt, bis 0,2 % Fett**
3 TL	**Tafelmeerrettich**
1 EL	**Schnittlauchringe**
1 TL	**Senf**
	Salz, Pfeffer
6 Zweige	**Rosmarin**
2	**Knoblauchzehen**
2 TL	**Olivenöl**
1 TL	**abgeriebene, unbehandelte Zitronenschale**
500 g	**Drillinge (kleine Kartoffeln)**
800 g	**Rosenkohl**
600 g	**Rinderfilet**

1 Für die Meerrettichcreme Joghurt mit Meerrettich, Schnittlauch und Senf verrühren und mit 1/2 TL Salz und 1 Prise Pfeffer würzen. Meerrettichcreme abgedeckt kalt stellen.

2 Backofen auf 180° C (Gas: Stufe 2, Umluft: 160° C) vorheizen. Rosmarin waschen, trocken schütteln und hacken. Knoblauch pressen und mit Öl, Rosmarin, Zitronenschale, 1 TL Salz und 1/4 TL Pfeffer verrühren.

3 Kartoffeln waschen. Rosenkohl putzen, Stielansatz kreuzweise einschneiden und Rosenkohl halbieren. Kartoffeln und Rosenkohl auf ein tiefes Backblech geben und mit 2 TL Rosmarinöl vermischen. Rinderfilet trocken tupfen, in die Mitte setzen und mit restlichem Rosmarinöl einreiben.

4 Rinderfilet im Backofen auf mittlerer Schiene ca. 20 Minuten garen, Gemüse wenden und weitere 10-15 Minuten garen. Rinderfilet aus dem Backofen nehmen, auf ein Schneidebrett setzen und ca. 5 Minuten ruhen lassen. Rinderfilet in 12 Scheiben schneiden und mit Kartoffeln, Rosenkohl und Meerrettichcreme servieren.

Chilisteak mit Hummus

Für 4 Personen   Zubereitungszeit 20 Min.   Garzeit 25 Min.

538 kcal | 2247 kJ

200 g	**dünnes Fladenbrot**
1	**Limette**
2 Dosen	**Kichererbsen (à 265 g Abtropfgewicht)**
2	**Knoblauchzehen**
2 TL	**Tahin (Sesampaste)**
1 TL	**Kreuzkümmel**
50–100 ml	**eiskaltes Wasser**
2	**rote Zwiebeln**
500 g	**Cocktailtomaten**
2 EL	**gehackte glatte Petersilie**
2 EL	**Rotweinessig**
	Salz, Pfeffer
4	**Rindersteaks (à 150 g)**
1 TL	**Chiliflocken**
1 TL	**Rapsöl**

1 Backofen auf 180° C (Gas: Stufe 2, Umluft: 160° C) vorheizen. Fladenbrot in 16 kleine Ecken schneiden. Brotecken auf ein mit Backpapier ausgelegtes Backblech geben und im Backofen auf mittlerer Schiene ca. 15 Minuten rösten.

2 Für den Hummus Limette auspressen. Kichererbsen abspülen, abtropfen lassen und mit Knoblauch, Limettensaft, Tahin und Kreuzkümmel pürieren, dabei soviel Wasser zufügen, bis der Hummus eine optimale Konsistenz hat.

3 Für den Salat Zwiebeln schälen und in feine Ringe schneiden. Tomaten waschen, halbieren, mit Zwiebeln, Petersilie, Essig und Fladenbrot vermischen und mit 1/2 TL Salz und 1 Prise Pfeffer würzen.

4 Steaks trocken tupfen und mit Chiliflocken einreiben. Öl in einer Grillpfanne auf hoher Stufe erhitzen und Steaks darin 3–4 Minuten von jeder Seite braten. Steaks mit Salz würzen und mit Hummus und Tomatensalat servieren.

Rindfleisch-Gemüse-Suppe

Für 4 Personen   **Zubereitungszeit 20 Min.**   **Garzeit 65 Min.**

315 kcal | 1317 kJ

4	**Karotten**
300 g	**Knollensellerie**
1	**Rinderbeinscheibe (400 g)**
500 ml	**kaltes Wasser**
500 ml	**Gemüsebrühe (2 TL Instantpulver)**
400 g	**Blumenkohlröschen (TK)**
100 g	**trockene Suppennudeln**
120 g	**Erbsen (Konserve)**
2 EL	**gehackte Petersilie** **Salz, Pfeffer**

1 Karotten und Sellerie schälen und in kleine Stücke schneiden. Rinderbeinscheibe, Karotten und Sellerie in einen Topf geben, mit Wasser bedecken und aufkochen. Brühe zufügen und auf niedriger Stufe ca. 50 Minuten mit Deckel köcheln lassen.

2 Beinscheibe aus der Suppe nehmen und kurz abkühlen lassen. Blumenkohlröschen und Nudeln zufügen und ca. 10 Minuten mitgaren. Erbsen abgießen. Rindfleisch vom Knochen lösen, in Stücke schneiden, mit den Erbsen zur Suppe geben und weitere ca. 5 Minuten garen. Rindfleisch-Gemüse-Suppe mit Petersilie verfeinern, mit Salz und Pfeffer abschmecken und servieren.

Scharfe Gulaschsuppe mit Paprika

Für 4 Personen **Zubereitungszeit 20 Min.** **Garzeit 1 Std. 40 Min.**

423 kcal | 1769 kJ

2	**Zwiebeln**
je 2	**rote und gelbe Paprika**
500 g	**Rindergulasch**
2 TL	**Rapsöl**
	Salz, Pfeffer
2 TL	**Paprikapulver**
2 TL	**Chilipulver**
3 EL	**Tomatenmark**
1 EL	**Mehl**
1 Liter	**Gemüsebrühe**
	(4 1/2 TL Instantpulver)
2 TL	**getrockneter Majoran**
200 g	**Baguette**

1 Zwiebeln schälen und in Würfel schneiden. Paprika waschen, entkernen und in Streifen schneiden. Rindergulasch trocken tupfen. Öl in einem Topf auf hoher Stufe erhitzen, Rindergulasch mit Zwiebeln darin ca. 5 Minuten rundherum anbraten und mit Salz, Pfeffer, Paprika- und Chilipulver würzen.

2 Paprika zufügen und weitere 2–3 Minuten mitbraten. Tomatenmark einrühren, mit Mehl bestäuben und mit Brühe ablöschen. Majoran zufügen und ca. 90 Minuten köcheln lassen. Baguette in Scheiben schneiden. Gulaschsuppe mit Salz abschmecken und mit Baguette servieren.

Steakbowl mit Süßkartoffel-pommes und Coleslaw

Für 2 Personen   **Zubereitungszeit 30 Min.**   **Garzeit 30 Min.**   **Marinierzeit 60 Min.**

507 kcal | 2121 kJ

2	**Rindersteaks (à 150 g)**
2 EL	**Sojasauce**
1 EL	**Zitronensaft**
2 TL	**Sambal Oelek**
1/2	**kleiner Spitzkohl**
	Meersalz, Pfeffer
2	**Karotten**
250 g	**Süßkartoffeln**
3 TL	**Olivenöl**
1 TL	**schwarzer Sesam**
150 g	**Magermilchjoghurt**
1 EL	**Apfelessig**
1 TL	**Zucker**
100 g	**Baby-Blattspinat**

1 Rindersteaks trocken tupfen, in Streifen schneiden, mit Sojasauce, Zitronensaft und Sambal Oelek in einen Gefrierbeutel geben, gut verkneten und im Kühlschrank ca. 60 Minuten marinieren.

2 Backofen auf 200° C (Gas: Stufe 3, Umluft: 180° C) vorheizen. Spitzkohl putzen, halbieren, den Strunk entfernen und Spitzkohl in feine Streifen schneiden. Spitzkohl mit 2 TL Salz verkneten und ca. 30 Minuten ziehen lassen. Karotten schälen und fein raspeln. Süßkartoffeln schälen und in Stifte schneiden. Süßkartoffeln auf einem mit Backpapier ausgelegten Backblech verteilen, mit 1 TL Öl beträufeln und mit Sesam bestreuen. Süßkartoffeln im Backofen auf mittlerer Schiene ca. 25 Minuten backen.

3 Spitzkohl gut ausdrücken und mit Karotten, Joghurt, Essig und Zucker vermischen. Coleslaw mit Salz und Pfeffer abschmecken. Spinat waschen und trocken schleudern. Steak abtropfen lassen. Restliches Öl in einer Pfanne auf hoher Stufe erhitzen und Steak darin 2–3 Minuten rundherum braten. Süßkartoffelpommes mit Steakstreifen, Coleslaw und Spinat jeweils separat auf 2 Schalen verteilen und Steakbowl servieren.

Steak-Mango-Pfanne mit Zuckererbsenschoten

Für 4 Personen   **Zubereitungszeit 25 Min.**   **Garzeit 30 Min.**

356 kcal | 1489 kJ

160 g	**trockener Vollkornreis**
	Salz, Pfeffer
2	**Knoblauchzehen**
1 Stück	**Ingwer (ca. 5 cm)**
3 EL	**Sojasauce**
400 g	**Rindersteak**
1	**rote Chilischote**
4	**Frühlingszwiebeln**
1/2 Bund	**Koriander**
250 g	**Zuckererbsenschoten**
1	**Mango**
2 TL	**Sesamöl**
2 EL	**Wasser**

1 Reis nach Packungsanweisung in Salzwasser garen. Knoblauch fein hacken. Ingwer schälen, fein reiben und mit 2 EL Sojasauce und Knoblauch verrühren. Steak trocken tupfen, in Streifen schneiden, mit Soja-Ingwer-Sauce gut vermischen und kurz ziehen lassen.

2 Chilischote waschen, entkernen, Frühlingzwiebeln waschen und beides in Ringe schneiden. Koriander waschen, trocken schütteln und grob hacken. Zuckererbsenschoten waschen. Mango schälen und das Fruchtfleisch in Spalten vom Stein schneiden.

3 Öl in einem Wok oder einer tiefen Pfanne auf hoher Stufe erhitzen. Steak samt Marinade darin 3–4 Minuten rundherum anbraten und herausnehmen. Zuckererbsenschoten mit Wasser und restlicher Sojasauce im Bratensatz 2–3 Minuten anbraten. Chilischote und Frühlingszwiebeln zufügen und ca. 2 Minuten mitbraten. Mango und Steak dazugeben und weitere 2–3 Minuten garen. Koriander unterheben und Steak-Mango-Pfanne mit Reis servieren.

Mediterraner Rinderschmortopf

Für 4 Personen **Zubereitungszeit 25 Min.** **Garzeit 1 Std. 45 Min.**

456 kcal | 1907 kJ

500 g	**Rindergulasch**
2	**Zwiebeln**
2 TL	**Olivenöl**
	Salz, Pfeffer
2 TL	**Paprikapulver**
1 TL	**Zimt**
2 EL	**Ajvar (Paprikamark)**
400 ml	**Rinderfond**
800 g	**geschälte Tomaten (Konserve)**
50 g	**entsteinte grüne Oliven in Lake**
1 TL	**gehackter Oregano**
2 TL	**gehackter Thymian**
1 TL	**Zucker**
1 rote	**Zwiebel**
1	**Salatgurke**
250 g	**Tomaten**
100 g	**Schafskäse, 25 % Fett i. Tr.**
1/2	**Orange**
2 TL	**heller Balsamicoessig**
4 Scheiben	**Bauernbrot**

1 Rindergulasch trocken tupfen. Zwiebeln schälen und in Würfel schneiden. Öl in einem großen Topf auf hoher Stufe erhitzen und Zwiebeln darin 2–3 Minuten andünsten. Gulasch zufügen, mit 1 TL Salz, Paprikapulver und Zimt würzen und ca. 5 Minuten rundherum anbraten.

2 Ajvar einrühren, mit Fond und Tomaten ablöschen und aufkochen. Oliven in Ringe schneiden, mit Oregano und 1 TL Thymian unterrühren und mit Zucker verfeinern. Rinderschmortopf auf niedriger Stufe ca. 90 Minuten mit Deckel schmoren.

3 Für den Salat rote Zwiebel schälen und in Ringe schneiden. Gurke und Tomaten waschen und in grobe Stücke schneiden. Schafskäse würfeln. Für das Dressing Orangenhälfte auspressen, mit Essig und restlichem Thymian vermischen und mit Salz und Pfeffer abschmecken. Dressing mit Zwiebeln, Gurke und Tomate vermischen und Salat mit Schafskäse bestreuen.

4 Mediterranen Rinderschmortopf mit Salz und Pfeffer abschmecken und mit Bauernsalat und Brot servieren.

Kräftiges mit Rind 71

Asiatische Tacos mit Rindersteak

Für 2 Personen   **Zubereitungszeit 20 Min.**   **Garzeit 10 Min.**

468 kcal | 1959 kJ

1	**unbehandelte Limette**
1 Stück	**Ingwer (ca. 3 cm)**
1	**rote Chilischote**
1	**Knoblauchzehe**
200 g	**Magermilchjoghurt**
1/2	**kleiner Weißkohl (ca. 400 g)**
2	**Karotten**
2	**Frühlingszwiebeln**
2 EL	**gehackter Koriander Salz, Pfeffer**
2 TL	**Honig**
1 EL	**scharfe Chilisauce (z. B. Sriracha)**
2 TL	**Sesam**
2	**Rindersteaks (à 150 g)**
1 TL	**Erdnussöl**
2	**Taco-Schalen**

1 Für den Krautsalat Limette waschen, halbieren, eine Hälfte auspressen und restliche Limette in Spalten schneiden. Ingwer schälen und fein reiben. Chilischote waschen, entkernen und in Ringe schneiden. Knoblauch pressen, mit Limettensaft, Ingwer, Chilischote und Joghurt verrühren.

2 Weißkohl putzen, vierteln und den Strunk entfernen. Karotten schälen und mit Weißkohl fein raspeln. Frühlingszwiebeln waschen, in Ringe schneiden, mit Kohl, Karotten, Koriander und Joghurtdressing vermischen und mit Salz und Pfeffer abschmecken.

3 Honig mit Chilisauce verrühren. Steaks trocken tupfen und mit Honig-Chili-Sauce von beiden Seiten bestreichen. Steaks in Sesam wenden und fest drücken.

4 Öl in einer Pfanne auf hoher Stufe erhitzen, Steaks darin 3–4 Minuten von jeder Seite braten, herausnehmen, kurz ruhen lassen und in feine Streifen schneiden. Taco-Schalen mit Krautsalat füllen, Steak darauf anrichten, mit Koriander bestreuen und mit Limettenspalten servieren.

Wiener Schnitzel mit Kartoffel-Gurken-Salat

Für 2 Personen   Zubereitungszeit 20 Min.   Garzeit 35 Min.

475 kcal | 1987 kJ

400 g	**festkochende Kartoffeln**
	Salz, Pfeffer
1	**kleine Salatgurke**
2 EL	**Apfelessig**
1 TL	**Zucker**
2 TL	**Senf**
50 ml	**Gemüsebrühe**
	(1/4 TL Instantpulver)
1 TL	**getrocknetes**
	Bohnenkraut
2	**Kalbsschnitzel (à 150 g)**
1 EL	**Mehl**
1	**Ei (Größe M)**
1	**EL Paniermehl**
3	**TL Rapsöl**

1 Kartoffeln waschen und mit Schale ca. 20 Minuten in Salzwasser garen. Gurke waschen, in dünne Scheiben hobeln, mit 1 TL Salz vermischen und kurz ziehen lassen. Kartoffeln abgießen, kurz abkühlen lassen, pellen und in Scheiben schneiden. Gurken ausdrücken und unter die Kartoffeln heben. Für das Dressing Essig, Zucker, Senf, Brühe und Bohnenkraut verrühren und mit Salz und Pfeffer würzen. Kartoffeln, Gurken und Dressing vermischen und ziehen lassen.

2 Kalbsschnitzel flacher klopfen, halbieren, salzen und pfeffern. Mehl in einen tiefen Teller geben. Ei in einem weiteren Teller verquirlen. Paniermehl in einen dritten Teller geben. Kalbsschnitzel erst in Mehl, dann in Ei und danach in Paniermehl wenden. Öl in einer Pfanne auf hoher Stufe erhitzen und Schnitzel darin ca. 5 Minuten von jeder Seite braten. Wiener Schnitzel mit Kartoffel-Gurken-Salat servieren.

Nicoles Tipp:

Wenn du 1–2 TL Kümmel mit in das Kochwasser der Kartoffeln gibst, verstärkt sich der Kartoffelgeschmack.

Pikante Steakpfanne mit Koriandertopping

Für 2 Personen   **Zubereitungszeit 20 Min.**   **Garzeit 20 Min.**

526 kcal | 2200 kJ

2	**Rindersteaks (à 150 g)**
2	**rote Zwiebeln**
2 TL	**Rapsöl**
	Salz, Pfeffer
1 TL	**Paprikapulver**
1 TL	**Kreuzkümmel**
400 g	**passierte Tomaten (Konserve)**
1 Dose	**Kidneybohnen (265 g Abtropfgewicht)**
140 g	**Mais (Konserve)**
50 g	**grüne Peperoni in Lake**
1/2	**Limette**
2 EL	**gehackter Koriander**
50 g	**saure Sahne**

1 Rindersteaks trocken tupfen und in Streifen schneiden. Zwiebeln schälen und in Ringe schneiden. Öl in einer Pfanne auf hoher Stufe erhitzen, Steakstreifen darin 2–3 Minuten rundherum anbraten, mit Salz, Paprikapulver und Kreuzkümmel würzen und herausnehmen. Zwiebeln im Bratensatz 2–3 Minuten andünsten, mit Tomaten ablöschen und ca. 5 Minuten köcheln lassen.

2 Bohnen abspülen und mit Mais abtropfen lassen. Peperoni abtropfen lassen und in Ringe schneiden. Mais, Bohnen, Peperoni und Steakstreifen in die Pfanne geben und weitere ca. 5 Minuten garen.

3 Für das Topping Limettenhälfte auspressen. Limettensaft mit Koriander und saurer Sahne verrühren und mit Salz würzen. Steakpfanne kräftig mit Salz und Pfeffer abschmecken und mit Koriandertopping servieren.

Rindergeschnetzeltes mit Champignons

Für 4 Personen · **Zubereitungszeit 20 Min.** · **Garzeit 20 Min.**

475 kcal | 1988 kJ

500 g	**Rinderfilet**
1 EL	**Mehl**
1	**Zwiebel**
250 g	**Champignons**
2 TL	**Rapsöl**
	Salz, Pfeffer
400 ml	**Rinderfond**
200 g	**trockene Vollkorn-Bandnudeln**
800 g	**grüne Bohnen**
200 g	**Gewürzgurken**
2 TL	**Senf**
50 g	**Schmand**

1 Rinderfilet trocken tupfen, in Streifen schneiden und mit Mehl bestäuben. Zwiebel schälen und fein würfeln, Champignons trocken abreiben und in Scheiben schneiden. Öl in einer Pfanne auf hoher Stufe erhitzen, Rinderfilet darin ca. 2 Minuten rundherum anbraten und mit Salz und Pfeffer würzen.

2 Rinderfilet herausnehmen. Zwiebeln im Bratensatz 2–3 Minuten andünsten. Champignons zufügen, weitere 2–3 Minuten mitdünsten, mit Fond ablöschen und ca. 10 Minuten schmoren.

3 Nudeln nach Packungsanweisung in Salzwasser garen und abgießen. Bohnen in kochendem Salzwasser ca. 10 Minuten garen. Gewürzgurken in feine Streifen schneiden und in die Pfanne geben. Mit Senf und Schmand verfeinern, Rinderfilet unterheben und erwärmen. Rindergeschnetzeltes mit Salz und Pfeffer abschmecken und mit Bandnudeln und Bohnen servieren.

Steak-Fajitas mit Zwiebel-Paprika-Gemüse

Für 2 Personen   Zubereitungszeit 15 Min.   Garzeit 15 Min.

413 kcal | 1729 kJ

2	**Gemüsezwiebeln**
je 1	**rote und gelbe Paprika**
2 TL	**Rapsöl**
	Salz, Pfeffer
2 TL	**Honig**
1 TL	**Chilipulver**
1 TL	**Kreuzkümmel**
4	**Rindersteaks (à 150 g)**
4	**WW Protein Wraps**
4 EL	**saure Sahne**
2 EL	**gehackter Koriander**
1	**Limette**

1 Zwiebeln schälen und in Spalten schneiden. Paprika waschen, entkernen und in Streifen schneiden. 1 TL Öl in einer Pfanne auf hoher Stufe erhitzen, Zwiebeln und Paprika darin ca. 8 Minuten dünsten und mit Salz und Pfeffer würzen. Honig unter die Zwiebel-Paprika-Mischung rühren und kurz ziehen lassen.

2 Chilipulver mit Kreuzkümmel, 1/2 TL Salz und 1/4 TL Pfeffer verrühren. Steaks trocken tupfen und von beiden Seiten mit der Würzmischung bestreuen. Restliches Öl in einer Grillpfanne auf hoher Stufe erhitzen, Steaks darin 3–4 Minuten von jeder Seite anbraten, herausnehmen und ca. 3 Minuten ruhen lassen.

3 Wraps kurz erwärmen. Saure Sahne mit Koriander und 1 Prise Salz verrühren und Wraps damit bestreichen. Limette in Spalten schneiden. Steaks in Streifen schneiden und mit Zwiebeln und Paprika auf den Wraps anrichten. Steak-Fajitas mit Limettenspalten servieren.

Rinderschmorbraten mit Gemüsesauce

Für 6 Personen **Zubereitungszeit 30 Min.** **Garzeit 2 Std. 15 Min.**

394 kcal | 1650 kJ

2	**Zwiebeln**
1	**kleiner Knollensellerie**
500 g	**Karotten**
2 Stangen	**Lauch**
1 kg	**magerer Rinderbraten (z. B. Oberschale)**
2 TL	**Rapsöl**
	Salz, Pfeffer
2 TL	**Paprikapulver**
400 ml	**Rinderfond**
800 g	**geschälte Tomaten (Konserve)**
1 TL	**Zucker**
2	**Lorbeerblätter**
2	**Wacholderbeeren**
800 g	**festkochende Kartoffeln**
3 EL	**Tomatenmark**

1 Backofen auf 200° C (Gas: Stufe 3, Umluft: 180° C) vorheizen. Zwiebeln, Sellerie und Karotten schälen und in Stücke schneiden. Lauch waschen und in Ringe schneiden. Rinderbraten trocken tupfen. Öl in einem Bräter auf mittlerer bis hoher Stufe erhitzen, Rinderbraten darin ca. 10 Minuten von allen Seiten braten und mit 1 TL Salz, 1/2 TL Pfeffer und Paprikapulver würzen.

2 Gemüse zufügen und ca. 5 Minuten mitbraten. Mit Fond und Tomaten ablöschen, mit Zucker, Lorbeerblättern und Wacholderbeeren verfeinern und im Backofen auf mittlerer Schiene mit Deckel ca. 2 Stunden schmoren.

3 Kartoffeln schälen, halbieren, in Salzwasser ca. 20 Minuten garen und abgießen. Braten herausnehmen und kurz ruhen lassen. Lorbeerblätter aus der Sauce entfernen, Sauce mit Tomatenmark andicken und mit Salz und Pfeffer abschmecken. Rinderschmorbraten in Scheiben schneiden und mit Gemüsesauce und Kartoffeln servieren.

Für eine mediterrane Note

Ersetze den Lauch durch 2–3 rote Zwiebeln und würze zusätzlich mit 2–3 TL Zimt.

Vietnamesische Nudelsuppe mit Rinderfilet

Für 4 Personen   Zubereitungszeit 25 Min.   Garzeit 40 Min.

335 kcal | 1402 kJ

400 g	**Rinderfilet**
	Salz, Pfeffer
2 TL	**Rapsöl**
1	**Zwiebel**
2	**Zimtstangen**
2	**Sternanis**
2 I L	**schwarze Pfefferkörner**
1,2 Liter	**Rinderfond**
2 TL	**Fischsauce**
160 g	**trockene, breite Reisnudeln**
3	**Frühlingszwiebeln**
4	**Radieschen**
1	**Limette**
2 EL	**gehackter Koriander**

1 Rinderfilet trocken tupfen und mit 1/2 TL Salz und 1/4 TL Pfeffer würzen. 1 TL Öl in einer Grillpfanne auf hoher Stufe erhitzen und Rinderfilet darin 6–8 Minuten von jeder Seite anbraten. Rinderfilet herausnehmen und ruhen lassen.

2 Zwiebel schälen und fein hacken. Restliches Öl in einem Topf auf mittlerer Stufe erhitzen und Zwiebeln darin ca. 6 Minuten anbraten. Zimt, Anis und Pfefferkörner in einen Teebeutel füllen und verschließen. Fond angießen, Gewürzbeutel zufügen und aufkochen. Fischsauce einrühren und auf niedriger Stufe weitere ca. 5 Minuten mit Deckel garen.

3 Nudeln nach Packungsanweisung in Salzwasser garen. Frühlingszwiebeln waschen und in Ringe schneiden. Radieschen waschen und in feine Scheiben schneiden. Limette in Spalten schneiden.

4 Nudeln abgießen und auf 4 Schüsseln verteilen. Rinderfilet in dünne Scheiben schneiden und auf den Nudeln verteilen. Gewürzbeutel entfernen und Suppe über die Nudeln geben. Mit Frühlingszwiebeln, Radieschen und Koriander garnieren und Nudelsuppe mit Limettenspalten servieren.

Feines mit Schwein

DAS BESTE VOM *Schwein*

Schweinediagramm mit den Teilstücken: NACKEN, KOTELETT, FILET, KOTELETT, DICKE RIPPE, SCHULTER, BAUCH, EISBEIN, SCHINKEN, EISBEIN

KOTELETT

Das Kotelett liegt auf dem Rücken unter dem Rückenspeck und wird auch als Schweinerücken, Karree oder Kotelett-strang bezeichnet. Das Kotelett besteht aus zartem, magerem Fleisch. Es eignet sich zum Kurzbraten und zum Grillen und wird meist in einzelne Koteletts geschnitten.

FILET

Das edle Schweinefilet liegt am hinteren Ende des Rückens unterhalb des Koteletts und wiegt ca. 600 bis 800 g. Das Schweine-filet ist das zarteste und auch teuerste Stück des Schweins. Es ist sehr saftig und fettarm mit einem sehr milden Aroma. Es eignet sich am Stück oder in Medaillons geschnitten besonders gut zum Braten und Grillen.

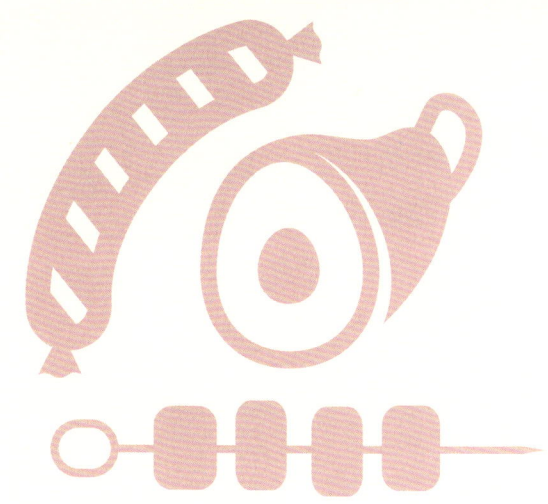

Haltbarkeit

Nach dem Einkauf sollte frisches Schweinefleisch sofort ausgepackt, abgedeckt und im Kühlschrank gelagert werden.

Frischfleisch hält sich gekühlt ca. 2–3 Tage. Zerkleinertes Fleisch wie Gulasch oder Geschnetzeltes sollte nicht länger als 24 Stunden im Kühlschrank gelagert werden. Abgepacktes Schweinefleisch in Vakuumpackungen oder unter Schutzatmosphäre kann natürlich problemlos bis zum angegebenen Haltbarkeitsdatum im Kühlschrank aufbewahrt werden. Frisches Schweinefleisch kann auch ohne Weiteres eingefroren werden.

BRATEN & GULASCH

Der Schinken besteht aus Ober- und Unterschale, Nuss und Hüfte. Aus der Oberschale und Unterschale werden Geschnetzeltes oder Gulasch geschnitten. Aus der Hüfte und der Nuss wird saftiger Schweinebraten geschnitten, wobei die Nuss besonders zarte Braten liefert. Aber auch aus der Schulter kann sowohl Schweinebraten als auch Gulasch geschnitten werden.

SCHNITZEL

Aus dem Schweinerücken entstehen durch Auslösen des Knochens Schweinesteaks, Minutensteaks und Schnitzel. Das Fleisch ist zart und hat einen Fettgehalt von ca. 5 %. Gepökelt und geräuchert wird daraus das sogenannte Kasseler.

Asiawok mit karamellisiertem Schweinefleisch

Für 4 Personen   Zubereitungszeit 25 Min.   Garzeit 35 Min.   Marinierzeit 30 Min.

393 kcal | 1645 kJ

500 g	**Schweineschnitzel**
3 EL	**Sojasauce**
2 TL	**Honig**
2 EL	**kalorienreduzierter Ketchup**
	Salz, Pfeffer
160 g	**trockener Vollkornreis**
1	**Chinakohl**
1	**gelbe Paprika**
3	**Karotten**
1	**Stück Ingwer (ca. 2 cm)**
1	**Knoblauchzehe**
1 TL	**Erdnussöl**
1 EL	**gesalzene Cashewnüsse**

1 Schweineschnitzel trocken tupfen und in Streifen schneiden. Schnitzelstreifen mit 2 EL Sojasauce, Honig, Ketchup und 1 TL Salz in einen Gefrierbeutel geben, gut verkneten und im Kühlschrank ca. 30 Minuten marinieren.

2 Reis nach Packungsanweisung in Salzwasser garen. Chinakohl waschen, Boden samt Strunk entfernen und Chinakohl in Streifen schneiden. Paprika waschen, entkernen und in Stücke schneiden. Karotten schälen und in Stifte schneiden. Ingwer schälen und mit Knoblauch in feine Würfel schneiden.

3 Öl in einem Wok auf hoher Stufe erhitzen und Schnitzel darin ca. 5 Minuten rundherum anbraten. Ingwer und Knoblauch zufügen und 1–2 Minuten mitbraten. Chinakohl, Karotten und Paprika mit restlicher Sojasauce zufügen und ca. 10 Minuten garen. Asiawok mit Salz und Pfeffer abschmecken, mit Cashewnüssen bestreuen und mit Reis servieren.

Nicoles Tipp:

Low Carb gefällig? Das Gericht schmeckt auch ohne den Reis absolut köstlich.

Schnitzelbowl mit Salsa

Für 2 Personen   Zubereitungszeit 20 Min.   Garzeit 20 Min.

478 kcal | 2000 kJ

2	**Schweineschnitzel (à 120 g)**
1	**Limette**
	Salz, Pfeffer
100 g	**trockener Wildreis**
1/2 Bund	**glatte Petersilie**
300 g	**Tomaten**
1	**Zwiebel**
50 g	**Peperoni in Lake**
2 TL	**Olivenöl**
1	**kleine Mango**

1 Schweineschnitzel trocken tupfen und in Streifen schneiden. Limette auspressen. Schnitzelstreifen mit 1 EL Limettensaft, 1/2 TL Salz und 1 Prise Pfeffer vermischen und kurz ziehen lassen. Wildreis nach Packungsanweisung in Salzwasser garen.

2 Petersilie waschen, trocken schütteln und fein hacken. Für die Salsa Tomaten waschen, Zwiebel schälen und Peperoni abtropfen lassen. Tomaten, Zwiebel und Peperoni in sehr feine Würfel schneiden, mit 1 TL Öl und restlichem Limettensaft vermischen und mit Salz und Pfeffer abschmecken.

3 Mango schälen und das Fruchtfleisch in Spalten vom Stein schneiden. Restliches Öl in einer Pfanne auf mittlerer bis hoher Stufe erhitzen, Schnitzel darin 5–8 Minuten rundherum anbraten und salzen. Schnitzelstreifen mit Salsa, Wildreis und Mango jeweils separat in zwei Schüsseln anrichten und Schnitzelbowl mit Petersilie bestreut servieren.

Schweinebraten mit Kirsch-Thymian-Füllung

Für 8 Personen   Zubereitungszeit 25 Min.   Garzeit 60 Min.   Kühlzeit 15 Min.

385 kcal | 1610 kJ

2 EL **getrocknete Kirschen**
70 g **kalorienreduzierte Kirschkonfitüre**
3 EL **Paniermehl**
Salz, Pfeffer
4 TL **gehackter Thymian**
1 kg **magerer Schweinebraten**
400 g **trockene Vollkorn-Rigatoni**
200 g **Rucola**
250 g **Pflücksalatmischung (Kühltheke)**
1 **Orange**
50 ml **Gemüsebrühe (1/4 TL Instantpulver)**
2 TL **Olivenöl**
3 TL **Senf**

1 Backofen auf 200° C (Gas: Stufe 3, Umluft: 180° C) vorheizen. Für die Füllung Kirschen hacken, mit 100 ml heißem Wasser übergießen und ca. 10 Minuten einweichen lassen. Kirschen abtropfen lassen, mit 1 EL Konfitüre, Paniermehl, 1 TL Salz und Thymian pürieren.

2 Braten trocken tupfen, einschneiden, aufklappen, mit der Schnittseite nach unten zwischen 2 Lagen Frischhaltefolie legen und flacher klopfen. Obere Frischhaltefolie entfernen, Braten mit Salz und Pfeffer würzen, wenden und Kirsch-Thymian-Füllung in der Mitte verteilen. Braten von der langen Seite her aufrollen und mit Küchengarn umwickeln.

3 Braten in einen Bräter setzen, mit restlicher Konfitüre bestreichen, 100 ml Wasser angießen und im Backofen auf mittlerer Schiene ca. 60 Minuten schmoren, dabei mehrmals mit Flüssigkeit begießen.

4 Für den Salat Nudeln nach Packungsanweisung in Salzwasser garen. Rucola und Salat waschen und trocken schleudern. Für das Dressing Orange auspressen und mit Brühe, Öl und Senf verquirlen. Dressing mit Salz und Pfeffer abschmecken. Nudeln abgießen, ca. 15 Minuten abkühlen lassen und mit Rucola, Salat und Dressing vermischen.

5 Braten aus dem Ofen nehmen und ca. 10 Minuten ruhen lassen. Schweinebraten in 16 Scheiben schneiden und mit Nudelsalat servieren.

1

2

3

4

Scharfer Süßkartoffel-Filet-Topf

Für 4 Personen   **Zubereitungszeit 20 Min.**   **Garzeit 1 Std. 40 Min.**

462 kcal | 1932 kJ

1	**Knoblauchzehe**
2	**grüne Chilischoten**
700 g	**Süßkartoffeln**
2	**Frühlingszwiebeln**
1	**Orange**
600 g	**Schweineschnitzel**
2 TL	**Rapsöl**
	Salz, Pfeffer
1 TL	**Kreuzkümmel**
800 g	**passierte Tomaten (Konserve)**
1 EL	**Zitronensaft**
2 EL	**gehackter Koriander**

1 Knoblauch hacken. Chilischoten waschen, entkernen und in Ringe schneiden. Süßkartoffeln schälen und in Stücke schneiden. Frühlingszwiebeln waschen und in Ringe schneiden. Orange auspressen. Schweineschnitzel trocken tupfen und würfeln.

2 Öl in einem Topf auf mittlerer Stufe erhitzen, Schnitzel darin ca. 5 Minuten rundherum anbraten und mit Salz und Pfeffer würzen. Knoblauch, Chili und Süßkartoffeln zufügen, mit Kreuzkümmel würzen und ca. 3 Minuten mitbraten. Mit Tomaten und Orangensaft ablöschen, aufkochen und auf niedriger Stufe ca. 90 Minuten mit Deckel garen. Eintopf mit Zitronensaft und Koriander verfeinern, abschmecken und servieren.

Filet mit Linsen-Kürbis-Gemüse

Für 6 Personen   Zubereitungszeit 20 Min.   Garzeit 25 Min.

328 kcal | 1371 kJ

1 kg	**Schweinefilet**
	Salz, Pfeffer
2 EL	**Senf**
2 EL	**Pankomehl**
1 EL	**geriebener Parmesan**
1	**rote Zwiebel**
530 g	**braune Linsen (Konserve)**
1 TL	**Olivenöl**
2	**Knoblauchzehen**
250 ml	**Gemüsebrühe**
	(1 TL Instantpulver)
800 g	**Butternutkürbis**
1 EL	**heller Balsamicoessig**
1 EL	**gehackter Rosmarin**

1 Backofen auf 200° C (Gas: Stufe 3, Umluft: 180° C) vorheizen. Filet trocken tupfen, salzen, pfeffern und rundherum mit Senf bestreichen. Schweinefilet in Pankomehl und Parmesan wenden, auf ein mit Backpapier ausgelegtes Backblech setzen und im Backofen ca. 25 Minuten garen.

2 Zwiebel schälen und würfeln. Linsen abspülen und abtropfen lassen. Öl in einer Pfanne erhitzen und Zwiebeln darin 2–3 Minuten andünsten. Knoblauch dazupressen, Linsen zufügen, mit Brühe ablöschen und ca. 10 Minuten garen. Kürbis waschen, halbieren, Kerne entfernen und Kürbis würfeln. Kürbis zum Linsengemüse geben, mit Essig und Rosmarin verfeinern und 10–12 Minuten garen. Filet in 18 Scheiben schneiden und mit Linsen-Kürbis-Gemüse servieren.

Griechischer Souvlaki-Salat

Für 4 Personen   **Zubereitungszeit 20 Min.**   **Garzeit 10 Min.**

290 kcal | 1213 kJ

1/2	**Salatgurke**
	Salz, Pfeffer
1	**Knoblauchzehe**
1 Becher	**griechischer Joghurt, bis 0,2 % Fett (170 g)**
2 EL	**gehackte Minze**
1 EL	**Zitronensaft**
400 g	**Schweinefilet**
1 EL	**Olivenöl**
1/4 TL	**Chiliflocken**
1 TL	**getrockneter Oregano**
1	**rote Zwiebel**
250 g	**Pflücksalatmischung (Kühltheke)**
150 g	**bunte Cocktailtomaten**
250 g	**Kichererbsen (Konserve)**
10	**entsteinte schwarze Oliven in Lake**

1 Für das Dressing Gurke schälen, raspeln, mit 1 TL Salz vermischen, ca. 5 Minuten ziehen lassen und Gurkenraspel gut ausdrücken. Knoblauch pressen, mit Gurke, Joghurt, Minze und Zitronensaft verrühren und Dressing abgedeckt kalt stellen.

2 Schweinefilet trocken tupfen und in Streifen schneiden. Öl in einer Pfanne auf hoher Stufe erhitzen, Schweinefilet darin 5–8 Minuten rundherum anbraten, mit Salz, Pfeffer und Chiliflocken würzen und mit Oregano verfeinern.

3 Zwiebel schälen und würfeln. Salat waschen und trocken schleudern. Tomaten waschen und halbieren. Kichererbsen abspülen und abtropfen lassen. Oliven halbieren.

4 Salat, Dressing, Zwiebeln, Kichererbsen und Tomaten auf Teller verteilen. Souvlaki darauf anrichten, mit Oliven bestreuen und Souvlaki-Salat servieren.

Schnitzel Cordon Bleu mit Kartoffel-Sellerie-Stampf

Für 4 Personen   **Zubereitungszeit 30 Min.**   **Garzeit 30 Min.**

458 kcal | 1914 kJ

400 g	**mehligkochende Kartoffeln**
400 g	**Sellerie**
	Salz, Pfeffer
2 Scheiben	**gekochter Schinken**
2 Scheiben	**Käse, 30 % Fett i. Tr.**
4	**Schweineschnitzel (à 120 g)**
1	**Ei (Größe M)**
3 EL	**Paniermehl**
1 EL	**Rapsöl**
600 g	**Tomaten**
2 Becher	**WW Balsamico Dressing**
200 ml	**fettarme Milch**
1 Prise	**Muskatnuss**

1   Kartoffeln und Sellerie schälen, in Würfel schneiden und in kochendem Salzwasser ca. 15 Minuten garen. Schinken- und Käsescheiben halbieren. Schnitzel trocken tupfen und jeweils 1 Tasche in die Schweineschnitzel schneiden. Mit Schinken und Käse füllen, mit Holzspießen fixieren und von beiden Seiten salzen und pfeffern.

2   Ei in einem tiefen Teller verquirlen und mit Salz und Pfeffer würzen. Paniermehl auf einem weiteren Teller verteilen. Schnitzel erst in Ei und dann in Paniermehl wenden. Öl in einer Pfanne auf hoher Stufe erhitzen und Cordon bleu darin ca. 8 Minuten von jeder Seite braten.

3   Tomaten waschen, in Spalten schneiden und mit Dressing vermischen. Kartoffeln und Sellerie abgießen und kurz ausdampfen lassen. Mit Milch grob zerstampfen und mit Salz, Pfeffer und Muskatnuss würzen. Holzspieße entfernen und Cordon Bleu mit Kartoffel-Sellerie-Stampf und Tomatensalat servieren.

Der perfekte Begleiter für bunte Salate

Das leckere Balsamico Dressing für nur 2 SmartPoints ist der optimale Begleiter für schnelle knackige Salate. Dabei kommt der leichte Klassiker ganz ohne künstliche Aromen, Farbstoffe und Konservierungsmittel aus. Erhältlich in gut sortierten Supermärkten oder auf wwshop.de.

Surf-Turf-Pfanne

Für 4 Personen   **Zubereitungszeit 20 Min.**   **Garzeit 35 Min.**

447 kcal | 1870 kJ

160 g	**trockener Vollkornreis**
	Salz, Pfeffer
2	**rote Paprika**
1	**Ananas**
400 g	**Schweineschnitzel**
2 TL	**Rapsöl**
1 TL	**Chilipulver**
1	**Knoblauchzehe**
100 g	**küchenfertige Garnelen**
1/2 Bund	**Koriander**

1 Reis nach Packungsanweisung in Salzwasser garen. Paprika waschen, entkernen und in Streifen schneiden. Ananas schälen, halbieren, Strunk entfernen und Ananas in Stücke schneiden.

2 Schweineschnitzel trocken tupfen und in Streifen schneiden. Öl in einer Pfanne auf hoher Stufe erhitzen, Schnitzel darin ca. 5 Minuten rundherum anbraten und mit Salz, Pfeffer und Chilipulver würzen. Knoblauch dazupressen, Paprika zufügen und ca. 5 Minuten mitbraten.

3 Garnelen abspülen, trocken tupfen, mit Ananas zufügen und weitere ca. 5 Minuten garen. Koriander waschen, trocken schütteln und hacken. Surf-Turf-Pfanne mit Salz und Pfeffer abschmecken, mit Koriander bestreuen und mit Reis servieren.

Gefüllte Schweinekoteletts mit cremiger Senfsauce

Für 4 Personen   Zubereitungszeit 25 Min.   Garzeit 25 Min.

433 kcal | 1810 kJ

2	**rote Zwiebeln**
800 g	**Mangold**
2 TL	**Rapsöl**
2	**Knoblauchzehen**
2 EL	**Wasser**
25 g	**getrocknete Sauerkirschen**
	Salz, Pfeffer
600 g	**festkochende Kartoffeln**
4	**Koteletts (à 120 g)**
200 ml	**Geflügelfond**
1 TL	**getrockneter Thymian**
2 EL	**Senf**
50 g	**Schmand**
2 TL	**Speisestärke**

1 Zwiebeln schälen und fein würfeln. Mangold waschen, trocken schleudern, weiße Stiele von den Blättern schneiden und Mangold in Streifen schneiden. 1 TL Öl in einer Pfanne auf mittlerer Stufe erhitzen und Zwiebeln darin ca. 5 Minuten andünsten. Knoblauch dazupressen, Mangold zufügen, mit Wasser ablöschen und ca. 4 Minuten mitdünsten. Sauerkirschen unterrühren, mit 1/4 TL Salz würzen und Füllung abkühlen lassen.

2 Backofen auf 160° C (Gas: Stufe 2, Umluft: 140° C) vorheizen. Kartoffeln schälen, halbieren und in kochendem Salzwasser ca. 20 Minuten garen. Schweinekoteletts trocken tupfen und jeweils eine tiefe Tasche einschneiden. Koteletts mit Zwiebel-Mangold-Mischung füllen und mit Holspießen fixieren. Restliches Öl in einer Pfanne auf hoher Stufe erhitzen und Koteletts darin ca. 4 Minuten von jeder Seite anbraten.

3 Koteletts auf ein mit Backpapier ausgelegtes Backblech setzen und im Backofen auf mittlerer Schiene ca. 10 Minuten fertig garen. Für die Sauce Fond in einem Topf auf hoher Stufe erhitzen, Thymian einrühren und ca. 3 Minuten einreduzieren. Senf mit Schmand und Stärke verrühren, zur Sauce geben, gut verrühren und aufkochen. Senfsauce mit Salz und Pfeffer abschmecken.

4 Restliches Mangoldgemüse kurz erwärmen. Kartoffeln abgießen und mit Koteletts, Mangold und cremiger Senfsauce servieren.

Dazu schmeckt ...

... saftiges Backofengemüse, wie z. B. Mairübchen oder Knollensellerie.

Ungarisches Krautgulasch

Für 4 Personen   Zubereitungszeit 25 Min.   Garzeit 1 Std. 40 Min.

399 kcal | 1669 kJ

1	**Gemüsezwiebel**
2	**rote Paprika**
1 Dose	**Sauerkraut (740 g Abtropfgewicht)**
	Salz, Pfeffer
3 TL	**Paprikapulver**
2 TL	**Kümmel**
500 g	**Schweinegulasch**
2 TL	**Rapsöl**
2 EL	**Tomatenmark**
250 ml	**Gemüsebrühe (1 TL Instantpulver)**
1 TL	**getrockneter Majoran**
1 TL	**Zucker**
600 g	**festkochende Kartoffeln**
1 EL	**gehackte Petersilie**

1 Zwiebel schälen und in Würfel schneiden. Paprika waschen, entkernen und in Würfel schneiden. Sauerkraut abtropfen lassen, mit Zwiebeln, Paprika, Salz, 2 TL Paprikapulver und Kümmel vermengen und kurz ziehen lassen.

2 Schweinegulasch trocken tupfen. Öl in einem großen Topf auf hoher Stufe erhitzen, Schweinegulasch darin ca. 10 Minuten rundherum anbraten und mit restlichem Paprikapulver, Salz und Pfeffer würzen. Tomatenmark einrühren, Sauerkraut-mischung zufügen und mit Brühe ablöschen. Majoran und Zucker einrühren und auf niedriger Stufe ca. 90 Minuten mit Deckel schmoren.

3 Kartoffeln schälen, halbieren, in Salzwasser ca. 20 Minuten garen und abgießen. Krautgulasch mit Salz und Pfeffer abschmecken. Kartoffeln mit Petersilie bestreuen und mit Krautgulasch servieren.

Nicoles Tipp:

Verwende auf jeden Fall ein wenig Kümmel, selbst wenn du den Geschmack nicht so gerne magst. Kümmel macht das Sauerkraut bekömmlicher.

Nicoles Lieblingsrezept

Mexikanisches Schweinefilet mit Avocadosalat

Für 2 Personen   Zubereitungszeit 30 Min.   Garzeit 10 Min.   Marinierzeit 30 Min.

482 kcal | 2018 kJ

250 g	**Schweinefilet**
1	**Limette**
1	**rote Chilischote**
1	**Knoblauchzehe**
	Salz, Pfeffer
1	**kleiner Kopfsalat**
1	**rote Zwiebel**
200 g	**Tomaten**
150 g	**schwarze Bohnen (Konserve)**
100 g	**Mais (Konserve)**
1/2 Bund	**Koriander**
1	**kleine Avocado**
150 g	**Magermilchjoghurt**
1 TL	**Olivenöl**

1 Schweinefilet trocken tupfen und in ca. 2 cm breite Medaillons schneiden. Limette auspressen. Chilischote waschen, entkernen und in Ringe schneiden. Knoblauch pressen. Medaillons mit der Hälfte des Limettensaftes, Chiliringen, 1/2 TL Salz und Knoblauch in einen Gefrierbeutel geben, gut verkneten und im Kühlschrank ca. 30 Minuten marinieren.

2 Salat waschen, trocken schleudern und in mundgerechte Stücke zerteilen. Zwiebel schälen und in feine Ringe schneiden. Tomaten waschen und in Spalten schneiden. Bohnen abspülen und mit Mais abtropfen lassen.

3 Koriander waschen und trocken schütteln. Avocado halbieren, Stein entfernen und Fruchtfleisch aus der Schale lösen. Die Hälfte des Fruchtfleisches mit Joghurt, Koriander und restlichem Limettensaft pürieren und mit Salz und Pfeffer abschmecken. Restliche Avocado in Spalten schneiden.

4 Öl in einer Pfanne auf hoher Stufe erhitzen und Schweinemedaillons darin ca. 4 Minuten von jeder Seite anbraten. Salat, Bohnen, Mais, Tomaten, Zwiebeln und Avocadospalten vermischen. Mexikanisches Schweinefilet mit Avocadosalat und Dressing servieren.

Curry-Orangen-Filet mit Tomatennudeln

Für 2 Personen   **Zubereitungszeit 20 Min.**   **Garzeit 20 Min.**   **Marinierzeit 30 Min.**

447 kcal | 1870 kJ

1/2	**Orange**
250 g	**Schweinefilet**
2 TL	**Orangencurry**
1 TL	**Honig**
	Salz, Pfeffer
1	**Zwiebel**
2 TL	**Olivenöl**
100 g	**trockene Kritharaki**
250 ml	**Gemüsebrühe**
	(1 TL Instantpulver)
400 g	**passierte Tomaten**
	(Konserve)
1 TL	**Paprikapulver**
1 EL	**gehackter Oregano**

1 Orangenhälfte auspressen. Schweinefilet trocken tupfen und in ca. 2 cm breite Medaillons schneiden. Medaillons mit Orangensaft, Orangencurry, Honig und 1 TL Salz in einen Gefrierbeutel geben, gut verkneten und ca. 30 Minuten im Kühlschrank marinieren.

2 Zwiebel schälen und fein würfeln. 1 TL Öl in einem Topf auf mittlerer Stufe erhitzen und Zwiebeln darin 2–3 Minuten andünsten. Kritharaki zufügen, kurz anrösten und mit Brühe und Tomaten ablöschen. Mit Paprikapulver würzen und auf niedriger Stufe ca. 15 Minuten mit Deckel garen. Tomatennudeln gelegentlich umrühren.

3 Medaillons abtropfen lassen und Marinade dabei auffangen. Restliches Öl in einer Pfanne auf hoher Stufe erhitzen und Medaillons darin 3–4 Minuten von jeder Seite braten. Mit restlicher Marinade ablöschen und kurz ziehen lassen. Tomatennudeln mit Salz und Pfeffer abschmecken, mit Oregano bestreuen und mit Curry-Orangen-Filet servieren.

Tipp
Falls du kein Orangencurry bekommst, nimm einfach 2 TL Curry und mische es mit 1/2 TL abgeriebener Orangenschale.

Dazu schmeckt ...
... ein grüner Blattsalat mit WW Zitronen Joghurt Dressing.

Titelrezept

Schweinebraten mit Lauch-Apfel-Gemüse

Für 4 Personen   Zubereitungszeit 30 Min.   Garzeit 90 Min.

484 kcal | 2025 kJ

2 TL	**Senfkörner**
1 EL	**Senf**
	Salz, Pfeffer
2 TL	**Honig**
1 kg	**magerer Schweinebraten**
1 EL	**Rapsöl**
250 ml	**Gemüsebrühe**
	(1 TL Instantpulver)
3 Stangen	**Lauch**
600 g	**festkochende Kartoffeln**
2	**säuerliche Äpfel**
	(z. B. Braeburn)

1 Senfkörner grob zerstoßen und mit Senf, 1 TL Salz und Honig verrühren. Schweinebraten trocken tupfen und rundherum mit der Senfmischung bestreichen.

2 Backofen auf 200° C (Gas: Stufe 3, Umluft: 180° C) vorheizen. Öl in einem Bräter auf hoher Stufe erhitzen, Schweinebraten darin ca. 10 Minuten von allen Seiten anbraten und mit Brühe ablöschen. Schweinebraten im Backofen auf mittlerer Schiene ca. 50 Minuten mit Deckel garen.

3 Lauch waschen und in Ringe schneiden. Kartoffeln schälen und in Stücke schneiden. Lauch und Kartoffeln in den Bräter geben und weitere ca. 20 Minuten garen.

4 Äpfel waschen, vierteln, entkernen, würfeln, in den Bräter geben und weitere 10 Minuten schmoren. Braten herausnehmen, kurz ruhen lassen und in Scheiben schneiden. Lauch-Apfel-Gemüse kräftig mit Salz und Pfeffer abschmecken und mit Schweinebraten servieren.

Ausgetauscht

Für mehr Abwechslung kannst Du den Lauch durch 1 Bund Suppengemüse und 2 rote Zwiebeln ersetzen.

Schweineschnitzel Piccata

Für 4 Personen   **Zubereitungszeit 15 Min.**   **Garzeit 15 Min.**

403 kcal | 1687 kJ

2	**Frühlingszwiebeln**
1	**Knoblauchzehe**
1	**unbehandelte Zitrone**
120 ml	**Gemüsebrühe**
	(1/2 TL Instantpulver)
2 EL	**Kapern**
200 g	**trockene**
	Vollkornnudeln
	Salz, Pfeffer
4	**Schweineschnitzel**
	(à 150 g)
2 EL	**Mehl**
1 EL	**Rapsöl**
2 TL	**Halbfettbutter**
2 EL	**gehackte glatte**
	Petersilie
1 EL	**geriebener Parmesan**

1 Frühlingszwiebeln waschen und in Ringe schneiden. Knoblauch pressen. 1 TL Zitronenschale abreiben und Zitrone auspressen. Zitronensaft mit Brühe, Frühlingszwiebeln, Knoblauch und Kapern verrühren.

2 Nudeln nach Packungsanweisung in Salzwasser garen und abgießen. Schnitzel trocken tupfen und flacher klopfen. Mehl in einen tiefen Teller geben, mit 1 TL Salz und 1/4 TL Pfeffer mischen und Schnitzel darin wenden. Öl in einer Pfanne auf hoher Stufe erhitzen, Schnitzel darin ca. 3 Minuten von jeder Seite braten und herausnehmen.

3 Bratensatz mit Zitronen-Brühe-Mischung ablöschen und auf hoher Stufe aufkochen. Sauce 2–3 Minuten auf niedriger Stufe einköcheln lassen und Butter unterrühren. Schnitzel in die Sauce geben und ca. 1 Minute von jeder Seite darin erwärmen.

4 Schnitzel Piccata mit Petersilie, Zitronenschale und Parmesan bestreuen und mit Nudeln servieren.

Piccata ...

... bezeichnet in der italienischen Küche ein mit Zitrone zubereitetes, paniertes Kalbsschnitzel. Der Begriff kann aber auch für andere Fleischsorten oder Gemüse verwendet werden.

Lust auf Salat?

Dazu schmeckt ein bunter gemischter Salat.

Zitronen-Schnitzel-Pfanne mit Artischocken

Für 4 Personen   Zubereitungszeit 15 Min.   Garzeit 20 Min.   Marinierzeit 10 Min.

367 kcal | 1534 kJ

4	**Schweineschnitzel (à 120 g)**
1	**Zitrone**
	Salz, Pfeffer
2 TL	**Olivenöl**
2 TL	**getrockneter Oregano**
800 g	**Drillinge (kleine Kartoffeln)**
1	**Zwiebel**
1	**Knoblauchzehe**
4 Gläser	**Artischockenherzen (à 165 Abtropfgewicht)**
150 ml	**Gemüsebrühe (1 TL Instantpulver)**

1   Schweineschnitzel trocken tupfen und in Streifen schneiden. Zitrone auspressen. Schweineschnitzel mit 1 EL Zitronensaft, 1 TL Salz, 1 TL Öl und 1 TL Oregano in einen Gefrierbeutel geben, gut verkneten und im Kühlschrank ca. 10 Minuten marinieren.

2   Kartoffeln waschen und in Salzwasser ca. 20 Minuten garen Zwiebel schälen und in Streifen schneiden. Knoblauch pressen. Restliches Öl in einer Pfanne auf hoher Stufe erhitzen und Schnitzelstreifen darin ca. 5 Minuten rundherum anbraten. Zwiebeln und Knoblauch zufügen und ca. 2 Minuten mitbraten.

3   Artischocken abtropfen lassen, halbieren, zufügen und mit restlichem Zitronensaft und Brühe ablöschen. Mit restlichem Oregano verfeinern und ca. 10 Minuten garen. Kartoffeln abgießen, kurz auskühlen lassen und pellen. Zitronen-Schnitzel-Pfanne mit Salz und Pfeffer abschmecken und mit Kartoffeln servieren.

Würziger Krustenbraten auf Salat

Für 4 Personen   **Zubereitungszeit 15 Min.**   **Garzeit 25 Min.**

214 kcal | 895 kJ

2	**Knoblauchzehen**
2 TL	**Chilipulver**
1 TL	**Kreuzkümmel**
	Salz, Pfeffer
500 g	**Schweinefilet**
2 TL	**Olivenöl**
2	**Frühlingszwiebeln**
2 EL	**Orangensaft**
1 EL	**Limettensaft**
2 TL	**Puderzucker**
200 g	**Brunnenkresse (alternativ Feldsalat)**
600 g	**bunte Cocktailtomaten**

1   Backofen auf 180° C (Gas: Stufe 2, Umluft: 160° C) vorheizen. Knoblauch pressen, mit Chilipulver, Kreuzkümmel und 1 TL Salz verrühren und Filet damit einreiben. Öl in einer Pfanne auf hoher Stufe erhitzen, Schweinefilet darin 4–5 Minuten rundherum anbraten, auf ein mit Backpapier ausgelegtes Backblech setzen und im Backofen auf mittlerer Schiene 15–20 Minuten garen.

2   Frühlingszwiebeln in Ringe schneiden und mit Orangen-, Limettensaft und Puderzucker verrühren. Brunnenkresse waschen und trocken schleudern. Tomaten waschen und halbieren. Brunnenkresse mit Tomaten und Dressing vermischen, salzen und pfeffern. Filet in Scheiben schneiden und auf Salat servieren.

Buntes Wurstgulasch

Für 4 Personen   Zubereitungszeit 20 Min.   Garzeit 20 Min.

451 kcal | 1889 kJ

2	**kleine Zwiebeln**
4	**Wiener Würstchen (à 70 g)**
200 g	**trockene Vollkorn-Spiralnudeln**
	Salz, Pfeffer
400 g	**Karotten**
1 TL	**Rapsöl**
1 TL	**Paprikapulver**
400 g	**passierte Tomaten**
1 Prise	**Zucker**
1 TL	**getrockneter Thymian**
100 g	**Erbsen (TK)**

1 Zwiebeln schälen und fein würfeln. Würstchen in feine Scheiben schneiden. Nudeln nach Packungsanweisung in Salzwasser garen und abgießen. Karotten schälen und in Scheiben schneiden.

2 Öl in einer tiefen Pfanne auf mittlerer Stufe erhitzen, Zwiebeln mit Würstchen darin ca. 5 Minuten anbraten und mit Salz, Pfeffer und Paprikapulver würzen. Mit Tomaten ablöschen, mit Zucker und Thymian verfeinern und aufkochen. Karotten zufügen und auf niedriger Stufe ca. 10 Minuten garen. Erbsen ca. 5 Minuten mitgaren. Buntes Wurstgulasch mit Salz und Pfeffer abschmecken und mit Nudeln servieren.

Karibisches Schwein mit Süßkartoffeln

Für 4 Personen   Zubereitungszeit 20 Min.   Garzeit 20 Min.

243 kcal | 1018 kJ

1 Stück	**Ingwer (ca. 5 cm)**
350 g	**Süßkartoffel**
2	**säuerliche Äpfel (z. B. Braeburn)**
2	**Frühlingszwiebeln**
60 ml	**Gemüsebrühe (1 Prise Instantpulver)**
	Salz, Pfeffer
1/4 TL	**gemahlener Piment**
1 TL	**Zimt**
400 g	**Schweinefilet**

1 Backofen auf 180° C (Gas: Stufe 2, Umluft: 160° C) vorheizen. Ingwer schälen und fein reiben. Süßkartoffel schälen und in kleine Stücke schneiden. Äpfel waschen, vierteln, entkernen und in dünne Scheiben schneiden. Frühlingszwiebeln waschen und in Ringe schneiden.

2 Backpapier in 4 ca. 20 x 20 cm große Stücke schneiden und auf ein Backblech legen. Süßkartoffeln und Äpfel darauf verteilen.

3 Brühe, Ingwer, Salz, Pfeffer, Piment und Zimt verrühren. Schweinefilet trocken tupfen, in 12 Scheiben schneiden und etwas flach drücken. Filets von beiden Seiten mit der Ingwergewürzmischung einreiben und auf die Süßkartoffel-Apfel-Mischung setzen. Mit Frühlingszwiebeln und restlicher Würzmischung bestreuen und zu Päckchen verschließen.

4 Karibisches Schwein im Backofen auf mittlerer Schiene ca. 20 Minuten backen und servieren.

Edles mit Lamm

DAS BESTE VOM *Lamm*

HALS & NACKEN · **BRUST** · **SCHULTER** · **KOTELETT-STÜCK** · **LENDEN-KOTELETT** · **KEULE** · **FILET** · **DÜNNUNG** · **HAXEN** · **HAXEN**

LAMMLACHS-STEAK

Als Lammlachs bezeichnet man ein Teil-stück, genau genommen den ausgelös-ten Kernmuskel des Lammrückens. Da dieser Muskel vom Lamm wenig bean-sprucht wird, ist das Fleisch besonders zart und mager. Das edle Fleisch eignet sich hervorragend zum Kurzbraten und Grillen. Aus dem Lammlachs werden die Lammsteaks geschnitten.

LAMMFILET

Das zarteste Fleisch vom Lamm ist das Lammfilet – es sitzt unter dem Rücken und hat nur eine Größe von 60–100 g. Aufgrund seiner Form wird das Filet auch Lammfinger genannt. Das feine Fleisch wird am besten nur kurz angebraten oder gegrillt, so bleibt es innen leicht rosa, saftig und zart. Aber Vorsicht, wenn das Filet zu lange gebraten wird, kann es trocken werden.

Lamm 1×1

Als Lämmer werden Schafe mit einem Alter bis zu 12 Monaten bezeichnet.

Lammfleisch ist zart und mild im Geschmack, besonders zart und aromatisch ist das Fleisch von Milchlämmern, die bis zu 6 Monate alt werden und ohne Grünfutter gefüttert werden. Der Geschmack von Lammfleisch wird besonders stark durch die Fütterung beeinflusst. Ein Salzwiesenlamm schmeckt deutlich anders als ein Weidelamm aus der Heide. Früher wurden Lämmer nur im Frühjahr angeboten. Heute ist Lammfleisch das ganze Jahr frisch oder als Tiefkühlware erhältlich.

LAMMKEULE

Die Lammkeule stammt aus der Hinterkeule des Lamms. Das Fleisch eignet sich durch seine Struktur und seinen Fettgehalt ideal für einen saftigen Braten. Das Fleisch der Lammkeule ist sehr aromatisch und wird bei richtiger Zubereitung sehr zart. In Stücken geschnitten kann das Fleisch auch für Gulasch, Schmorgerichte und Ragouts verwendet werden. Die Lammschulter hingegen stammt aus dem Vorderviertel.

LAMMKOTELETT

Der Lammrücken eignet sich als Ganzes zum Braten, Grillen und Kurzbraten. Aus dem Kotelettstück werden die Lammkoteletts geschnitten, die sich auch sehr gut zum Braten und Grillen eignen. Teilweise wird auch der gesamte Rücken als sogenannter Doppelrücken angeboten, daraus schneidet man doppelte Koteletts, auch Schmetterlingskoteletts genannt.

Harissa-Lamm-Burger

Für 4 Personen   Zubereitungszeit 20 Min.   Garzeit 20 Min.   Marinierzeit 30 Min.

401 kcal | 1676 kJ

500 g	**Lammfilet**
1 EL	**Harissapaste**
2 TL	**Olivenöl**
	Salz, Pfeffer
1 Bund	**Koriander**
400 g	**Rote Bete (Konserve)**
50 g	**Peperoni in Lake**
1	**Knoblauchzehe**
100 g	**Salatcreme,**
	bis 10 % Fett
2 TL	**Zitronensaft**
1/2 TL	**Paprikapulver**
4	**kleine Hamburger-**
	Brötchen
8 Blätter	**Eisbergsalat**

1 Lammfilet trocken tupfen, mit Harissapaste, 1 TL Öl und 1/2 TL Salz in einen Gefrierbeutel geben, gut verkneten und im Kühlschrank ca. 30 Minuten marinieren.

2 Koriander waschen, trocken schütteln und grob hacken. Rote Bete fein würfeln und Peperoni in Ringe schneiden. Koriander mit Roter Bete und Peperoni vermengen und mit Salz und Pfeffer abschmecken.

3 Knoblauch pressen, mit Salatcreme und Zitronensaft verrühren und mit Salz und Paprikapulver würzen. Brötchen rösten, aufschneiden und mit Creme bestreichen. Salat waschen, trocken schleudern und untere Brötchenhälften damit belegen.

4 Restliches Öl in einer Pfanne erhitzen und Lammfilets darin rundherum ca. 5 Minuten scharf anbraten, mit Marinade ablöschen und kurz köcheln lassen. Lammfilets auf den Salatblättern verteilen, mit Koriandersalsa belegen und mit oberen Hälften abdecken. Harissa-Lamm-Burger mit restlicher Koriandersalsa servieren.

Schnelles Lammbiryani

Für 4 Personen   **Zubereitungszeit 15 Min.**   **Garzeit 20 Min.**

321 kcal | 1343 kJ

1	**Zwiebel**
1	**Knoblauchzehe**
1	**Broccoli**
500 g	**Lammlachs**
2 TL	**Olivenöl**
50 ml	**Wasser**
3 TL	**indische Currypaste**
240 g	**gegarter Basmatireis**
1 TL	**Kurkuma**
1 TL	**Garam Masala**
200 g	**Blattspinat**
2 TL	**Zitronensaft**
2 TL	**Mandelblättchen**
150 g	**Magermilchjoghurt**

1 Zwiebel schälen und in Ringe schneiden. Knoblauch pressen. Broccoli waschen und in Röschen teilen. Lammlachs trocken tupfen und in Würfel schneiden. Öl in einem Topf auf hoher Stufe erhitzen und Lamm darin rundherum ca. 5 Minuten anbraten.

2 Zwiebeln und Knoblauch zufügen und weitere ca. 3 Minuten anbraten. Mit Wasser ablöschen, Currypaste einrühren, Reis, Kurkuma und Garam Masala zufügen und alles gut verrühren. Lammbiryani auf niedriger Stufe ca. 5 Minuten mit Deckel garen.

3 Broccoli in kochendem Salzwasser ca. 5 Minuten blanchieren. Spinat waschen und trocken schleudern. Broccoli mit Spinat zum Biryani geben. Zitronensaft zufügen und mit Salz und Pfeffer abschmecken. Mandelblättchen fettfrei in einer Pfanne auf mittlerer Stufe 2–3 Minuten rösten. Biryani mit Mandelblättchen bestreuen und mit Joghurt beträufelt servieren.

Biryani ...

... ist ein bekanntes Reisgericht, das in der asiatischen und orientalischen Küche sehr beliebt ist. Es gibt unendlich viele Varianten mit Fleisch, aber auch viele vegetarische Varianten. Für Biryani können auch fertige Biryani-Gewürzmischungen verwendet werden, diese sind in den meisten asiatischen Supermärkten erhältlich.

Lamm mit Zucchini-Reis-Salat

Für 4 Personen   **Zubereitungszeit 15 Min.**   **Garzeit 30 Min.**   **Marinierzeit 30 Min.**

415 kcal | 1735 kJ

4	**Lammlachse (à 150 g)**
2 TL	**Cajun-Gewürz**
	Salz, Pfeffer
160 g	**trockener Vollkornreis**
800 g	**Zucchini**
2 TL	**Olivenöl**
1 TL	**Zucker**
2 EL	**heller Balsamicoessig**
3 EL	**Wasser**
2 EL	**gehackte glatte Petersilie**

1 Lammlachse trocken tupfen. Cajun-Gewürz mit 1 TL Salz vermischen. Lammlachse damit bestreuen, Würzmischung einmassieren und ca. 30 Minuten im Kühlschrank marinieren.

2 Reis nach Packungsanweisung in Salzwasser garen. Zucchini waschen und in kleine Stücke schneiden. 1 TL Öl in einer Pfanne auf mittlerer Stufe erhitzen, Zucchini darin ca. 3 Minuten anbraten, mit Zucker bestreuen und mit Essig und Wasser ablöschen. Zucchini 5–8 Minuten dünsten.

3 Restliches Öl in einer Grillpfanne auf hoher Stufe erhitzen und Lammlachse darin ca. 6 Minuten von jeder Seite braten. Reis mit Zucchini und Petersilie vermischen und mit Salz und Pfeffer abschmecken. Lammlachse mit Zucchini-Reis-Salat servieren.

Saison-Tipp

In der Spargelsaison schmeckt der Reissalat super mit grünem Spargel.

1

2

3

4

Lammbraten mit Orangen-Chili-Sauce

Für 6 Personen   Zubereitungszeit 30 Min.   Garzeit 2 Std.

533 kcal | 2229 kJ

1 kg	**ausgelöste Lammkeule**
1 Stück	**Ingwer (ca. 5 cm)**
2	**Knoblauchzehen**
	Salz, Pfeffer
1	**unbehandelte Orange**
3 EL	**Sojasauce**
1 TL	**Chilipulver**
2 TL	**Honig**
200 ml	**Gemüsebrühe**
	(1 TL Instantpulver)
4	**Fenchelknollen**
360 g	**trockene Vollkorn-**
	Bandnudeln
100 g	**Granatapfelkerne**
2 TL	**Kreuzkümmel**

1 Lammkeule vom Fett befreien und trocken tupfen. Ingwer schälen und reiben, Knoblauch pressen und mit Ingwer und 1 TL Salz vermischen. Braten in eine Auflaufform setzen und Ingwermischung einmassieren.

2 Backofen auf 180° C (Gas: Stufe 2, Umluft: 160° C) vorheizen. 1 TL Orangenschale abreiben und Orange auspressen. Orangensaft, -schale, Sojasauce, Chilipulver und Honig verrühren und über den Braten geben. 100 ml Brühe angießen und Lammbraten im Backofen auf mittlerer Schiene ca. 60 Minuten mit Deckel garen. Deckel abnehmen und Lammbraten weitere ca. 60 Minuten garen.

3 Fenchel waschen, halbieren, den Strunk entfernen und Fenchel in Streifen schneiden. Eine beschichtete Pfanne auf mittlerer Stufe erhitzen und Fenchelstreifen mit restlicher Brühe darin 10–15 Minuten dünsten. Nudeln nach Packungsanweisung in Salzwasser garen. Granatapfelkerne unter das Fenchelgemüse heben und mit Salz, Pfeffer und Kreuzkümmel würzen.

4 Braten aus dem Backofen nehmen, kurz ruhen lassen und in Scheiben schneiden. Lammbraten mit Fenchelgemüse, Orangen-Chili-Sauce und Bandnudeln servieren.

Lamm-Freekeh-Salat

Für 4 Personen   Zubereitungszeit 15 Min.   Garzeit 20 Min.

436 kcal | 1823 kJ

850 g	**Butternutkürbis**
1	**kleine Aubergine**
1	**rote Zwiebel**
3 TL	**Olivenöl**
	Salz, Pfeffer
160 g	**trockener Freekeh**
500 g	**Lammfilet**
1	**Knoblauchzehe**
200 g	**Magermilchjogurt**
1 EL	**Tahin (Sesampaste)**
1 EL	**gehackter Koriander**
1 EL	**gehackte Minze**
2 TL	**Kürbiskerne**

1 Backofen auf 180° C (Gas: Stufe 2, Umluft: 160° C) vorheizen. Kürbis waschen, halbieren, Kerne mit einem Löffel entfernen und Kürbis würfeln. Aubergine waschen und in Stücke schneiden. Zwiebel schälen und in Spalten schneiden. Gemüse auf einem mit Backpapier ausgelegten Backblech verteilen, mit 2 TL Öl und 1/2 TL Salz vermischen und im Backofen auf mittlerer Schiene ca. 20 Minuten backen.

2 Freekeh nach Packungsanweisung in Salzwasser garen. Lammfilet trocken tupfen. Restliches Öl in einer Pfanne auf hoher Stufe erhitzen, Lammfilet darin 6–8 Minuten rundherum anbraten und mit Salz und Pfeffer würzen. Lammfilet herausnehmen und ca. 5 Minuten ruhen lassen.

3 Für das Dressing Knoblauch pressen, mit Joghurt und Tahin verrühren und mit Salz abschmecken. Lammfilet in Scheiben schneiden. Freekeh mit Gemüse und Lamm vermischen und mit Koriander, Minze und Kürbiskernen bestreuen. Lamm-Freekeh-Salat mit Dressing beträufelt servieren.

Schon gewusst?

Freekeh ist unreif geernteter Hartweizen – das neue Superfood, es schmeckt intensiv und enthält 4mal so viele Ballaststoffe und Proteine wie Reis. Zu finden ist es im türkischen Supermarkt, in Drogerien oder im Bioladen – alternativ kann Bulgur verwendet werden.

Lamm Laksa

Für 2 Personen   Zubereitungszeit 15 Min.   Garzeit 25 Min.

467 kcal | 1952 kJ

2	**Karotten**
200 g	**Zuckererbsenschoten**
1/2	**Bund Koriander**
250 g	**Lammfilet**
1 TL	**Erdnussöl**
	Salz, Pfeffer
1 EL	**Laksa-Paste**
300 ml	**Gemüsebrühe**
	(1 1/2 TL Instantpulver)
100 ml	**fettreduzierte**
	Kokosmilch
80 g	**trockene Glasnudeln**

1 Karotten schälen und in feine Streifen schneiden. Zucker-erbsenschoten waschen und halbieren. Koriander waschen, trocken schütteln und grob hacken. Lammfilet trocken tupfen.

2 Öl in einem Topf auf hoher Stufe erhitzen, Lammfilet darin ca. 5 Minuten rundherum anbraten, salzen und herausnehmen. Laksa-Paste im Bratensatz ca. 2 Minuten andünsten. Mit Brühe und Kokosmilch ablöschen und aufkochen. Karotten und Zucker-erbsenschoten zugeben und auf niedriger Stufe 10–15 Minuten garen. Lamm in Stücke schneiden und zur Suppe geben.

3 Glasnudeln nach Packungsanweisung zubereiten, abgießen und auf 2 Schüsseln verteilen. Lamm Laksa darauf verteilen, mit Salz und Pfeffer würzen und mit Koriander bestreut servieren.

Lammlachs mit Honigkarotten

Für 4 Personen   Zubereitungszeit 15 Min.   Garzeit 30 Min.

257 kcal | 1073 kJ

4	**Lammlachse (à 120 g)**
1 EL	**getrockneter Rosmarin**
1 EI	**gehackter Thymian**
1	**Knoblauchzehe**
	Salz, Pfeffer
800 g	**Baby-Karotten**
1	**rote Zwiebel**
3 TL	**Olivenöl**
3 TL	**Honig**
2 EL	**heller Balsamicoessig**
250 g	**Baby-Blattspinat**
1 Prise	**geriebene Muskatnuss**
1 EL	**gehackte glatte Petersilie**

1 Backofen auf 180° C (Gas: Stufe 2, Umluft: 160° C) vorheizen. Lammlachse trocken tupfen und mit Rosmarin und Thymian vermischen. Knoblauch dazupressen und mit 1 TL Salz gut vermengen.

2 Karotten waschen und längs halbieren. Zwiebel schälen und in Spalten schneiden. 2 TL Öl mit Honig, Essig, Salz und Pfeffer verrühren. Karotten und Zwiebeln auf einem mit Backpapier ausgelegten Backblech verteilen, mit Öl-Honig-Mischung beträufeln und im Backofen auf mittlerer Schiene ca. 30 Minuten backen.

3 Spinat waschen und trocken schleudern. Restliches Öl in einer Pfanne auf hoher Stufe erhitzen und Lammlachse darin 3-5 Minuten von jeder Seite braten. Karottengemüse mit Muskatnuss würzen. Lammlachs mit Honigkarotten und Spinat anrichten und mit Petersilie bestreut servieren.

Lammfiletbowl
mit Schafskäsedressing

Für 2 Personen   Zubereitungszeit 25 Min.   Garzeit 30 Min.

584 kcal | 2442 kJ

2	**rote Zwiebeln**
1	**Broccoli**
2 TL	**Olivenöl**
1 TL	**grobes Meersalz**
1 TL	**getrockneter Thymian**
100 g	**trockene bunte Quinoa**
250 g	**Lammfilet**
	Salz, Pfeffer
1 TL	**Curry**
1 TL	**Zimt**
100 g	**Schafskäse,**
	25 % Fett i. Tr.
100 g	**Magermilchjoghurt**
2 TL	**Kürbiskerne**

1 Backofen auf 180° C (Gas: Stufe 2, Umluft: 160° C) vorheizen. Zwiebeln schälen und in Spalten schneiden. Broccoli waschen und in Röschen teilen. Zwiebeln und Broccoli auf einem mit Backpapier ausgelegten Backblech verteilen, mit 1 TL Öl beträufeln und mit Meersalz und Thymian bestreuen. Im Backofen auf mittlerer Schiene 20–25 Minuten backen.

2 Quinoa nach Packungsanweisung in Salzwasser garen. Lammfilet trocken tupfen. Restliches Öl in einer Pfanne auf hoher Stufe erhitzen, Lammfilet darin 6–8 Minuten rundherum anbraten und mit Salz, Curry und Zimt würzen.

3 Schafskäse mit Joghurt pürieren und mit Salz und Pfeffer abschmecken. Lammfilet in Stücke schneiden, mit Quinoa, Broccoli und Zwiebeln in einer Bowl anrichten, mit Schafskäsedressing beträufeln und mit Kürbiskernen bestreut servieren.

Nicoles Tipp:

Noch am Zweifeln? Einfach mal ausprobieren. Oft ist man überrascht, wie gut neue Kombinationen schmecken.

Lamm-Karotten-Topf mit Couscous

Für 4 Personen   **Zubereitungszeit 20 Min.**   **Garzeit 1 Std. 40 Min.**

424 kcal | 1773 kJ

3 Stangen	**Lauch**
500 g	**Karotten**
500 g	**Lammrücken**
1 EL	**Mehl**
	Salz, Pfeffer
3 TL	**Olivenöl**
250 ml	**Gemüsebrühe**
	(1 TL Instantpulver)
2	**Knoblauchzehen**
2 EL	**Senf**
2 EL	**gehackter Rosmarin**
160 g	**trockener Couscous**
1 EL	**gehackte Petersilie**

1 Lauch waschen und in Ringe schneiden. Karotten schälen und in Scheiben schneiden. Lammrücken trocken tupfen, in Stücke schneiden und mit Mehl, Salz und Pfeffer mischen.

2 Öl in einem großen Topf auf hoher Stufe erhitzen und Lamm darin ca. 5 Minuten anbraten. Lauch und Karotten zufügen und ca. 3 Minuten mitbraten. Mit Brühe ablöschen, Knoblauch dazupressen, Senf einrühren und mit Rosmarin verfeinern. Lamm-Karotten-Topf auf niedriger Stufe ca. 90 Minuten mit Deckel schmoren.

3 Couscous nach Packungsanweisung in Salzwasser garen. Lamm-Karotten-Topf mit Petersilie bestreuen und Couscous servieren.

Lamm mit Linsen und Oliven

Für 4 Personen   **Zubereitungszeit 15 Min.**   **Garzeit 2 Std. 10 Min.**

523 kcal | 2189 kJ

160 g	**trockener Vollkornreis**
	Salz, Pfeffer
1	**Staudensellerie**
250 g	**Stangenbroccoli**
500 g	**Lammrücken**
2 TL	**Olivenöl**
1 TL	**getrockneter Oregano**
120 g	**trockene braune Linsen**
400 ml	**Gemüsebrühe**
	(2 TL Instantpulver)
400 g	**passierte Tomaten**
100 g	**entsteinte grüne Oliven**
	in Lake

1 Reis nach Packungsanweisung in Salzwasser garen. Sellerie waschen und in Stücke schneiden. Broccoli waschen und in Stücke schneiden. Lammrücken trocken tupfen und in Stücke schneiden. Öl in einem Topf auf hoher Stufe erhitzen, Lamm darin ca. 5 Minuten braten, mit Salz und Pfeffer würzen und mit Oregano verfeinern.

2 Sellerie, Broccoli und Linsen zufügen und 1–2 Minuten mitbraten. Mit Brühe und Tomaten ablöschen und ca. 2 Stunden auf niedriger Stufe mit Deckel schmoren. Oliven halbieren, zum Lamm geben und mit Salz und Pfeffer abschmecken. Lamm mit Reis servieren.

Lammkorma mit Bananen-Raita

Für 4 Personen   **Zubereitungszeit 20 Min.**   **Garzeit 75 Min.**

409 kcal | 1710 kJ

800 g	**Butternutkürbis**
500 g	**Lammfleisch**
1 Stück	**Ingwer (ca. 5 cm)**
1	**rote Zwiebel**
3	**Knoblauchzehen**
2 TL	**Olivenöl**
1 TL	**Curry**
2 TL	**Kreuzkümmel**
1 TL	**Zimt**
	Salz, Pfeffer
400 g	**stückige Tomaten (Konserve)**
100 ml	**fettreduzierte Kokosmilch**
4 EL	**gehackter Koriander**
1	**kleiner Blumenkohl**
250 ml	**Gemüsebrühe (1 TL Instantpulver)**
1	**Banane**
200 g	**Magermilchjoghurt**

1 Kürbis schälen, halbieren, Kerne mit einem Löffel entfernen und Kürbis in ca. 2 cm große Stücke schneiden. Lammfleisch trocken tupfen und in ca. 2 cm große Stücke schneiden. Ingwer schälen und fein reiben. Zwiebel schälen und würfeln. Knoblauch fein hacken.

2 Öl in einem großen Topf auf mittlerer Stufe erhitzen, Zwiebeln, Ingwer und Knoblauch zufügen und ca. 3 Minuten anbraten. Curry, 1 TL Kreuzkümmel, Zimt und 1 TL Salz zufügen und ca. 1 Minute anrösten. Mit Tomaten und Kokosmilch ablöschen und aufkochen. Lammfleisch zufügen und auf niedriger Stufe ca. 40 Minuten mit Deckel schmoren.

3 Kürbis und 2 EL Koriander zufügen und weitere ca. 30 Minuten schmoren. Blumenkohl waschen, in Röschen teilen und grob reiben. Brühe in einer Pfanne auf mittlerer Stufe erhitzen, und Blumenkohlreis darin 6-8 Minuten dünsten.

4 Für die Raita Banane schälen, in Stücke schneiden, mit Joghurt, restlichem Kreuzkümmel und restlichem Koriander verrühren und mit Salz abschmecken. Lammkorma mit Salz und Pfeffer abschmecken und mit Blumenkohlreis und Bananen-Raita servieren.

Keine Lust auf Low Carb?

Serviere das Lammkorma anstelle von Blumenkohlreis mit Basmatireis. Verwende pro Person 40 g trockenen Reis und berechne pro Person 4 SmartPoints zusätzlich.

Lammschmortopf mit Minzjoghurt

Für 4 Personen   **Zubereitungszeit 30 Min.**   **Garzeit 1 Std. 40 Min.**   **Marinierzeit 12 Std.**

406 kcal | 1700 kJ

500 g	**Lammgulasch**
1	**Zitrone**
1	**Knoblauchzehe**
2 TL	**getrockneter Oregano**
	Salz, Pfeffer
2 TL	**Olivenöl**
2	**Zwiebeln**
2	**kleine Auberginen**
400 g	**passierte Tomaten**
	(Konserve)
200 ml	**Gemüsebrühe**
	(1 TL Instantpulver)
1	**Lorbeerblatt**
1 TL	**Zimt**
1–2 TL	**Kreuzkümmel**
4 Stängel	**Minze**
200 g	**Magermilchjoghurt**
200 g	**Fladenbrot**

1   Lammgulasch trocken tupfen. Zitrone auspressen. Knoblauch pressen und mit Zitronensaft, Oregano, 1/2 TL Salz, 1 TL Öl und Lammgulasch vermischen und abgedeckt über Nacht im Kühlschrank marinieren.

2   Zwiebeln schälen und achteln. Auberginen waschen und in Stücke schneiden. Lammgulasch abtropfen lassen und Marinade dabei auffangen. Restliches Öl in einem Topf auf hoher Stufe erhitzen und Lammgulasch darin rundherum ca. 5 Minuten anbraten. Zwiebeln zufügen, 2–3 Minuten anrösten und mit Marinade ablöschen. Auberginen zufügen, mit Tomaten und Brühe ablöschen. Lorbeerblatt zufügen, mit Zimt und Kreuzkümmel würzen und ca. 90 Minuten schmoren.

3   Minze waschen, trocken schütteln, hacken, mit Joghurt verrühren und mit Salz abschmecken. Fladenbrot rösten. Lorbeerblatt entfernen. Lammschmortopf mit Salz und Pfeffer abschmecken und mit Fladenbrot und Minzjoghurt servieren.

Gegrillte Lammspieße mit Bohnen-Birnen-Salat

Für 4 Personen   Zubereitungszeit 15 Min.   Garzeit 20 Min.   Marinierzeit 30 Min.

354 kcal | 1483 kJ

500 g	**Lammlachs**
2 TL	**Rapsöl**
	Salz, bunter Pfeffer
1 TL	**Kreuzkümmel**
1 Bund	**Petersilie**
420 g	**Dicke Bohnen (Konserve)**
370 g	**Wachsbohnen (Konserve)**
2	**rotschalige Birnen**
1 EL	**Apfelessig**
100 g	**saure Sahne**
1 TL	**Zucker**
2 TL	**Senf**

1 Lammlachs trocken tupfen und in Stücke schneiden. Mit 1 TL Öl, 1/2 TL Salz und Kreuzkümmel in einen Gefrierbeutel geben, gut vermengen und ca. 30 Minuten im Kühlschrank marinieren.

2 Petersilie waschen, trocken schütteln und grob hacken. Bohnen abspülen und abtropfen lassen. Birnen waschen, vierteln, entkernen und in Stücke schneiden. Für das Dressing Essig mit saurer Sahne, Zucker und Senf verquirlen und mit Salz und Pfeffer abschmecken. Dressing mit Bohnen, Birnen und Petersilie vermischen und mit Salz und Pfeffer würzen.

3 Lammstücke auf Spieße stecken. Restliches Öl in einer Grillpfanne auf hoher Stufe erhitzen und Lammspieße darin ca. 7 Minuten rundherum anbraten. Lammspieße mit Bohnen-Birnen-Salat servieren.

Schmetterlingslamm mit Couscoussalat

Für 2 Personen   Zubereitungszeit 15 Min.   Garzeit 20 Min.   Kühlzeit 10 Min.

429 kcal | 1794 kJ

80 g	**trockener Vollkorn-Couscous**
	Salz, Pfeffer
400 g	**Tomaten**
1 Bund	**glatte Petersilie**
1	**Radicchio**
1	**Fenchelknolle**
4 TL	**Olivenöl**
1 EL	**Zitronensaft**
200 g	**Lammlachs**
1 TL	**Paprikapulver**

1 Couscous nach Packungsanweisung in Salzwasser garen. Tomaten waschen und würfeln. Petersilie waschen, trocken schütteln und grob hacken. Couscous ca. 10 Minuten abkühlen lassen. Radicchio waschen, trocken schleudern und in Streifen schneiden. Fenchel waschen, halbieren, Strunk entfernen und Fenchel in dünne Streifen schneiden.

2 Couscous mit Tomaten, Petersilie, 2 TL Öl und Zitronensaft vermischen und mit Salz abschmecken. Lammlachs trocken tupfen und waagerecht aufschneiden. 1 TL Öl in einer Pfanne auf hoher Stufe erhitzen und Lammlachs ca. 5 Minuten rundherum anbraten. Mit 1 TL Salz und Paprikapulver würzen. Lamm in Alufolie wickeln und kurz ruhen lassen.

3 Restliches Öl im Bratensatz auf mittlerer Stufe erhitzen, Radicchio und Fenchel darin ca. 4 Minuten anbraten und mit Salz und Pfeffer würzen. Schmetterlingslamm in Streifen schneiden und mit Couscoussalat servieren.

Schmetterlingsschnitt ...

... bezeichnet das waagerechte Aufschneiden von Schnitzeln, Steaks und Filets in zwei gleich dünne Scheiben, wobei sie in der Mitte verbunden bleiben.

Special Hackfleisch

Hackfleisch zählt zu den beliebtesten Zutaten, denn es ist unkompliziert und lässt sich auf ganz unterschiedlichste Weise zubereiten. In diesem Special tummeln sich 30 leckere Hackfleischrezepte zum Nachkochen und Genießen. Zusätzlich gibt es viele Informationen und Tipps rund um das Gehackte. Aber Hack ist nicht gleich Hack! Besonders was den Fettgehalt und die SmartPoints Werte angeht – dazu findest du auf der nächsten Seite eine praktische Übersicht.

Außerdem erfährst du in unserem Video wie du Hackfleisch selbst zubereiten kannst. Probiere es aus!

Die richtige Würze

Hack harmoniert mit nahezu allen Gewürzen und Kräutern. Für klassische Varianten, wie Frikadellen oder Hackbraten werden neben Salz, Pfeffer und Paprika meist Zwiebeln und Senf verwendet. Wenn es mediterran sein soll, passen Knoblauch, Rosmarin und Oregano sehr gut. Oder lieber orientalisch? Dann kannst du das rohe Fleisch mit Kreuzkümmel und frischem Koriander würzen.

Zubereitung von Hackfleisch

Hackfleisch anbraten: Die bekannteste Zubereitung ist das Anbraten in der Pfanne. Einfach Öl in der Pfanne erhitzen und schon kann es losgehen. Egal ob Frikadellen oder Sauce Bolognese.

Hackfleisch grillen: Frikadellen, Burger und Köfte lassen sich auch super auf dem Grill zubereiten – und das in verschiedensten Varianten.

Hackfleisch in Brühe garen: Diese Zubereitungsart benötigt kein zusätzliches Fett und ist dadurch ideal für die leichte Küche. Beliebte Beispiele sind Königsberger Klopse oder Gemüsesuppen mit Hackbällchen.

Ganz easy im Backofen: Hackfleisch wird im Backofen schonend gegart und bekommt eine wunderbar saftige Konsistenz. So werden Hackbraten, Lasagne und gefülltes Gemüse zubereitet.

DAS BESTE VOM
Hackfleisch

Hackfleisch selbst machen

Hackfleisch ist tatsächlich eines der vielseitigsten Lebensmittel. Du kannst es verwenden, um Lasagne, Spaghetti Bolognese, Frikadellen, Burger-Patties oder schnelle Pfannengerichte herzustellen. Der Vorteil, wenn du dein Hackfleisch selbst machst: Frischer als selbst gemacht geht nicht! Außerdem kannst du so selbst bestimmen, welches Fleisch mit welchem Fettgehalt du verarbeitest. Dazu benötigst du nur einen Fleischwolf oder eine Küchenmaschine mit Fleischwolfaufsatz.

TATAR & RINDERHACK

Das feine Tatar punktet mit gerade einmal 3 g Fett pro 100 g. Normales Rinderhackfleisch enthält im Vergleich 14 g Fett.

100 g Tatar	2	2	2
100 g Kalbshackfleisch (aus Kalbsschnitzel)	2	2	2
100 g Rinderhackfleisch	8	8	8

GEFLÜGELHACKFLEISCH

Handelsübliches Geflügelhackfleisch punktet im Vergleich mit maximal 5 % Fett auf 100 g. Besonders fettarm wird es, wenn es aus Geflügelbrustfilet hergestellt wird.

100 g mageres Geflügelhackfleisch	1	0	0
100 g Geflügelhackfleisch (Fertigprodukt)	3	3	3

Haltbarkeit

Hackfleisch bietet aufgrund seiner großen Oberfläche ideale Wachstumsbedingungen für Mikroorganismen. Es sollte nach dem Kauf direkt im Kühlschrank gelagert und innerhalb von 24 Stunden verarbeitet werden.

Die kühlste Stelle des Kühlschranks ist die Ablagefläche über dem Gemüsefach. Frisches Hackfleisch kann alternativ auch eingefroren werden, so ist es bis zu drei Monate haltbar.

LAMMHACKFLEISCH

Lammhackfleisch findest du in türkischen Supermärkten oder Schlachtereien, wo es auf Wunsch frisch zubereitet wird. Hier kannst du es dir auch direkt aus fettarmem Fleisch zubereiten lassen.

100 g mageres Lammhackfleisch (Filet)	2	2	2
100 g Lammhackfleisch	7	7	7

SCHWEINEHACKFLEISCH

Schweinehackfleisch oder Gehacktes hat einen Fettanteil von 20 g auf 100 g Fleisch. Sobald das Hackfleisch gewürzt ist, wird es als Mett bezeichnet.

100 g mageres Schweinehackfleisch (Filet)	1	1	1
100 g Schweinehackfleisch	7	7	7
100 g gemischtes Hack	8	8	8

Spaghetti Bolognese Classico

Für 2 Personen   Zubereitungszeit 20 Min.   Garzeit 15 Min.

522 kcal | 2185 kJ

1	**Zwiebel**
1 Bund	**Suppengemüse**
1	**Knoblauchzehe**
1 TL	**Olivenöl**
250 g	**Tatar**
	Salz, Pfeffer
1 TL	**Paprikapulver**
400 g	**passierte Tomaten (Konserve)**
1 Prise	**Zucker**
1 EL	**dunkler Balsamicoessig**
1 TL	**gehackter Oregano**
120 g	**trockene Vollkorn-Spaghetti**
1 EL	**geriebener Parmesan**

1 Zwiebel schälen und fein würfeln. Karotten und Sellerie schälen und in kleine Würfel schneiden. Lauch waschen und in Ringe schneiden. Knoblauch pressen. Öl in einem großen Topf auf hoher Stufe erhitzen, Zwiebeln und Knoblauch darin 2–3 Minuten anbraten, Tatar zufügen, mit 1/2 TL Salz, 1 Prise Pfeffer und Paprikapulver würzen und krümelig anbraten.

2 Tomaten zufügen mit Zucker, Essig und Oregano verfeinern und ca. 10 Minuten garen. Nudeln nach Packungsanweisung in Salzwasser garen und abgießen. Sauce Bolognese mit Salz und Pfeffer abschmecken, mit Spaghetti auf Tellern anrichten und mit Parmesan bestreut servieren.

Kohlroulade mit Geflügelhackfleisch

Für 4 Personen   Zubereitungszeit 30 Min.   Garzeit 70 Min.

580 kcal | 2427 kJ

1	**kleiner Weißkohl**
	Salz, Pfeffer
1	**Zwiebel**
100 g	**dunkle, kernlose**
	Weintrauben
3 TL	**Olivenöl**
500 g	**stückige Tomaten**
	(Konserve)
650 ml	**Gemüsebrühe**
	(2 1/2 TL Instantpulver)
2 EL	**Rotweinessig**
2 TL	**brauner Zucker**
800 g	**Geflügelhackfleisch**
	(aus Geflügelbrustfilet)
1	**Ei (Größe M)**
3 EL	**Paniermehl**
1 TL	**getrockneter Oregano**
160 g	**trockener Vollkornreis**
1 TL	**Kümmel**
1 EL	**gehackte Petersilie**

1 Weißkohl putzen und in kochendem Salzwasser 6–8 Minuten blanchieren. Kohl kurz abkühlen lassen und 16 Blätter abtrennen. Restlichen Kohl vierteln, den Strunk entfernen und Kohl in Streifen schneiden.

2 Für die Sauce Zwiebel schälen und fein würfeln. Trauben waschen und halbieren. 1 TL Öl in einem großen Topf auf mittlerer Stufe erhitzen und Zwiebeln darin 3–4 Minuten glasig andünsten. Mit Tomaten und 600 ml Brühe ablöschen, Trauben dazugeben, mit Salz und Pfeffer würzen und mit Essig und Zucker verfeinern. Sauce aufkochen und auf niedriger Stufe ca. 10 Minuten köcheln lassen.

3 Hackfleisch mit Ei, Paniermehl, Oregano, 1 TL Salz und 1/4 TL Pfeffer verkneten. Jeweils 2 Weißkohlblätter übereinander legen. Fleisch zu 8 länglichen Frikadellen formen, jeweils in die Mitte der Kohlblätter setzen, aufrollen, dabei die Ränder einschlagen und mit Küchengarn umwickeln.

4 Restliches Öl in einer Pfanne auf hoher Stufe erhitzen und Kohlrouladen darin 5–8 Minuten rundherum anbraten. Kohlrouladen zur Sauce geben und auf niedriger Stufe ca. 45 Minuten mit Deckel garen.

5 Reis nach Packungsanweisung in Salzwasser garen. Kohlstreifen in einem Topf auf niedriger Stufe ca. 5 Minuten andünsten, mit restlicher Brühe ablöschen, Kümmel zufügen und ca. 15 Minuten mit Deckel schmoren. Kohl mit Salz und Pfeffer abschmecken, mit Petersilie bestreuen und mit Kohlrouladen servieren.

Hackbraten aus dem Ofen

Für 4 Personen   **Zubereitungszeit 30 Min.**   **Garzeit 50 Min.**

502 kcal | 2099 kJ

1	**Zwiebel**
1	**Knoblauchzehe**
1 kg	**Tatar**
2 EL	**Tomatenmark**
1 EL	**Ajvar (Paprikapaste)**
2 EL	**Paniermehl**
2	**Eier (Größe M)**
	Salz, Pfeffer
2 TL	**Paprikapulver**
1 TL	**Kreuzkümmel**
400 g	**Karotten**
400 g	**Spargel**
200 g	**Erbsen (TK)**
2 Tüten	**WW Cream Sauce**
400 ml	**Wasser**
1 Prise	**geriebene Muskatnuss**

1   Backofen auf 200° C (Gas: Stufe 3, Umluft: 180° C) vorheizen. Zwiebel schälen und fein würfeln. Knoblauch pressen. Tatar mit Zwiebeln, Knoblauch, Tomatenmark, Ajvar, Paniermehl und Eiern vermengen. Masse mit 2 TL Salz, Pfeffer, Paprikapulver und Kreuzkümmel würzen, zu einem Braten formen, auf ein mit Backpapier ausgelegtes Backblech setzen und im Backofen auf mittlerer Schiene 45–50 Minuten backen.

2   Karotten schälen und im Scheiben schneiden. Spargel schälen, holzige Enden abschneiden und Spargel halbieren. Karotten und Spargel in kochendem Salzwasser ca. 10 Minuten garen. Erbsen zufügen und weitere ca. 5 Minuten garen.

3   Hackbraten aus dem Ofen nehmen und kurz ruhen lassen. WW Cream Sauce nach Packungsanweisung mit Wasser anrühren, in einen Topf geben und auf hoher Stufe aufkochen. Gemüse abgießen und mit Muskatnuss verfeinern. Hackbraten in Scheiben schneiden und mit Gemüse und Rahmsauce servieren.

Falscher Hase

Unter diesem Namen ist Hackbraten auch bekannt. Eine mögliche Erklärung: die längliche Form des Bratens ähnelt einem Hasenrücken.

Einfach ideal für Fleisch

Mit der unwiderstehlichen Rahmsauce für nur 1 SmartPoints pro Portion gelingt deine Sauce garantiert. Sie passt nicht nur super zu Fleisch- und Geflügelgerichten – probiere es selbst aus! Erhältlich im WW Studio oder auf wwshop.de.

Bunter Gemüse-Hack-Auflauf

Für 4 Personen   Zubereitungszeit 25 Min.   Garzeit 40 Min.

465 kcal | 1946 kJ

1	**Broccoli**
4	**Karotten**
400 g	**festkochende Kartoffeln**
1	**Kohlrabi**
	Salz, Pfeffer
2	**Zwiebeln**
1 TL	**Rapsöl**
500 g	**Tatar**
1 TL	**Paprikapulver**
2	**Eier (Größe M)**
150 ml	**fettarme Milch**
50 g	**Crème légère**
2 EL	**Schnittlauchringe**
1 Prise	**geriebene Muskatnuss**
1 EL	**Paniermehl**
100 g	**geriebener Käse, 30 % Fett i. Tr.**

1 Broccoli waschen und in Röschen teilen. Karotten, Kartoffeln und Kohlrabi schälen und in Stücke schneiden. Karotten, Kohlrabi und Kartoffeln in kochendem Salzwasser ca. 5 Minuten garen. Broccoli zufügen und weitere ca. 5 Minuten garen.

2 Backofen auf 200° C (Gas: Stufe 3, Umluft: 180° C) vorheizen. Zwiebeln schälen und fein würfeln. Öl in einer Pfanne auf hoher Stufe erhitzen, Zwiebeln und Tatar darin ca. 5 Minuten scharf anbraten und mit Salz, Pfeffer und Paprikapulver würzen. Gemüse und Tatarmischung in eine große Auflaufform (ca. 30 x 30 cm) füllen und vermischen.

3 Für die Sauce Eier mit Milch, Crème légère und Schnittlauch verquirlen und mit 1/2 TL Salz und Muskatnuss würzen. Sauce über den Auflauf geben und mit Paniermehl und Käse bestreuen. Gemüse-Hack-Auflauf im Backofen auf mittlerer Schiene ca. 30 Minuten backen und servieren.

Königsberger Klopse mit Rote-Bete-Salat

Für 4 Personen   Zubereitungszeit 20 Min.   Garzeit 30 Min.

491 kcal | 2055 kJ

500 g	**Kalbshackfleisch (aus Kalbsschnitzel)**
2 EL	**Paniermehl**
1	**Ei (Größe M)**
	Salz, Pfeffer
1 Liter	**Gemüsebrühe (4 1/2 TL Instantpulver)**
160 g	**trockener Vollkornreis**
800 g	**Rote Bete (Konserve)**
1 Bund	**Schnittlauch**
2 TL	**Olivenöl**
1 EL	**Halbfettmargarine**
1 EL	**Mehl**
1 EL	**Kapern**
2 TL	**Senf**

1 Kalbshackfleisch mit Paniermehl, Ei, 1 TL Salz und 1/4 TL Pfeffer verkneten und zu 12 Klopsen formen. Brühe in einem Topf aufkochen, Klopse zufügen und auf niedriger Stufe ca. 20 Minuten gar ziehen lassen.

2 Reis nach Packungsanweisung in Salzwasser garen. Für den Salat Rote Bete abtropfen lassen und in Streifen schneiden. Schnittlauch waschen, trocken schütteln, in Ringe schneiden und 1 EL Schnittlauch beiseite stellen. Rote Bete mit Schnittlauch und Öl vermischen und mit Salz und Pfeffer abschmecken.

3 Klopse aus der Brühe nehmen. Margarine in einem Topf auf niedriger Stufe schmelzen, mit Mehl bestäuben und mit ca. 250 ml heißer Gemüsebrühe ablöschen. Kapern und Senf einrühren, Klopse zufügen und mit Salz und Pfeffer abschmecken. Königsberger Klopse mit restlichem Schnittlauch bestreuen und mit Reis und Rote-Bete-Salat servieren.

Burger Bowl

Für 4 Personen   Zubereitungszeit 20 Min.   Garzeit 15 Min.

313 kcal | 1309 kJ

1	**Römersalatherz**
4	**Tomaten**
2	**Karotten**
1	**grüne Chilischote**
400 g	**Tatar**
1 TL	**Paprikapulver**
	Salz, Pfeffer
2 TL	**Sonnenblumenöl**
4	**Eier (Größe M)**
2 EL	**geriebener Parmesan**
2 EL	**Tomatenchutney**

1   Salat waschen und trocken schleudern. Tomaten waschen und in Scheiben schneiden. Karotten schälen und raspeln. Chilischote waschen, entkernen und in Ringe schneiden.

2   Tatar mit Paprikapulver, 1 TL Salz und 1/4 TL Pfeffer verkneten und zu 8 Patties formen. 1 TL Öl in einer Grillpfanne auf hoher Stufe erhitzen und Patties darin von jeder Seite ca. 4 Minuten braten.

3   Restliches Öl in einer Pfanne auf mittlerer Stufe erhitzen und Eier darin als Spiegeleier 3–5 Minuten braten. Salat, Karotten, Tomaten, Burger und Eier in einer Bowl anrichten, mit Chilischote und Parmesan bestreuen und mit Chutney servieren.

Bunte Gemüsesuppe mit Hackbällchen

Für 4 Personen   **Zubereitungszeit 20 Min.**   **Garzeit 35 Min.**

242 kcal | 1013 kJ

400 g	**grüne Bohnen**
4	**Karotten**
400 g	**Blumenkohl**
1, 5 Liter	**Gemüsebrühe**
	(6 1/2 TL Instantpulver)
400 g	**Tatar**
1	**Ei (Größe M)**
1 TL	**Senf**
2 EL	**Paniermehl**
	Salz, Pfeffer
2 EL	**gehackte Petersilie**

1   Bohnen waschen und halbieren. Karotten schälen und in Scheiben schneiden. Blumenkohl waschen und in Röschen teilen. Brühe in einem Topf aufkochen, Bohnen, Karotten und Blumenkohl zufügen und auf niedriger Stufe ca. 10 Minuten mit Deckel garen.

2   Tatar mit Ei, Senf, Paniermehl und 1 TL Salz verkneten und zu kleinen Hackbällchen formen. Hackbällchen in die Suppe geben und auf niedriger Stufe weitere ca. 10 Minuten garen.

3   Gemüsesuppe mit Petersilie verfeinern, mit Salz und Pfeffer abschmecken und servieren.

Big Mac Salat

Für 2 Personen   **Zubereitungszeit 20 Min.**   **Garzeit 15 Min.**

474 kcal | 1982 kJ

1	**Zwiebel**
1 TL	**Olivenöl**
250 g	**Tatar**
	Salz, Pfeffer
1 TL	**geräuchertes Paprikapulver**
2 EL	**kalorienreduzierter Ketchup**
150 g	**Gewürzgurken**
200 g	**Tomaten**
1/2	**Eisbergsalat**
2	**kleine Hamburger-Brötchen**
50 g	**geriebener Cheddar, 50 % Fett i. Tr.**

1 Zwiebel schälen und fein würfeln. Öl in einer Pfanne auf hoher Stufe erhitzen und Zwiebeln darin ca. 2 Minuten anbraten. Tatar zufügen, mit Salz, Pfeffer und Paprikapulver würzen und krümelig anbraten. Mit Ketchup ablöschen, ca. 5 Minuten garen und kurz abkühlen lassen.

2 Backofen auf 200° C (Gas: Stufe 3, Umluft: 180° C) vorheizen. Gewürzgurken in Scheiben schneiden. Tomaten waschen und würfeln. Salat waschen, trocken schleudern und in Streifen schneiden. Brötchen in kleine Würfel schneiden, auf einem mit Backpapier ausgelegten Backblech verteilen und im vorgeheizten Backofen auf mittlerer Schiene ca. 5 Minuten rösten.

3 Tatarmasse mit Gewürzgurken, Salat und Tomaten vermischen und mit Cheddar und Brotwürfeln bestreuen. Big Mac Salat servieren.

Nicoles Tipp:

Top Rezept! Der Teller ist voll, man wird richtig satt und es ist total lecker. Optisch sieht es toll aus, wenn der Salat auf großen Tellern angerichtet wird.

Leichte Tatar-Gemüse-Lasagne

Für 4 Personen   **Zubereitungszeit 30 Min.**   **Garzeit 50 Min.**

553 kcal | 2313 kJ

2 Bund	**Suppengemüse**
1	**Zwiebel**
1 Tl	**Olivenöl**
500 g	**Tatar**
	Salz, Pfeffer
1 TL	**Paprikapulver**
200 ml	**Gemüsebrühe**
	(1 TL Instantpulver)
800 g	**passierte Tomaten**
	(Konserve)
2 TL	**getrockneter Oregano**
1 TL	**Zucker**
12	**Vollkorn-Lasagneblätter**
100 g	**geriebener Käse,**
	30 % Fett i. Tr.

1 Backofen auf 200° C (Gas: Stufe 3, Umluft: 180° C) vorheizen. Karotten und Sellerie schälen und in kleine Würfel schneiden. Lauch waschen und in Ringe schneiden. Zwiebel schälen und fein würfeln. Öl in einem Topf auf hoher Stufe erhitzen, Zwiebeln und Tatar darin ca. 5 Minuten anbraten und mit Salz, Pfeffer und Paprikapulver würzen.

2 Suppengemüse zufügen, ca. 4 Minuten mitbraten, Brühe und Tomaten angießen, mit Oregano und Zucker verfeinern und ca. 5 Minuten garen. Tomaten-Hack-Sauce und Lasagneblätter abwechselnd in eine Auflaufform (ca. 20 x 30 cm) schichten, mit Käse bestreuen und im Backofen auf mittlerer Schiene 35–40 Minuten backen. Tatar-Gemüse-Lasagne in Stücke teilen und servieren.

1

2

3

4

Nicoles Lieblingsrezept

Bifteki mit Tomatenpaprikasalat

Für 4 Personen   **Zubereitungszeit 25 Min.**   **Garzeit 15 Min.**

284 kcal | 1189 kJ

1	**Knoblauchzehe**
500 g	**Tatar**
	Salz, Pfeffer
100 g	**Schafskäse,**
	25 % Fett i. Tr.
2 TL	**Olivenöl**
500 g	**Tomatenpaprika**
	(Konserve)
250 g	**Rucola**
1 EL	**Kürbiskerne**
1 TL	**Sumach**

1 Knoblauch pressen, mit Tatar, 1/2 TL Salz und 1 Prise Pfeffer verkneten und zu 12 kleinen Frikadellen formen. Schafskäse in 12 kleine Stücke schneiden und jeweils mittig in die Frikadellen drücken. 1 TL Öl in einer Pfanne auf hoher Stufe erhitzen und die Frikadellen darin 10–12 Minuten rundherum braten.

2 Tomatenpaprika abtropfen lassen. Rucola waschen und trocken schleudern. Kürbiskerne fettfrei in einer Pfanne auf mittlerer Stufe 2–3 Minuten rösten. Tomatenpaprika und Rucola vermischen, auf einer Salatplatte verteilen, mit restlichem Öl beträufeln und mit Kürbiskernen und Sumach bestreuen. Bifteki mit Tomatenpaprikasalat servieren.

Schon gewusst?

Sumach ist ein beliebtes Gewürz in der türkischen und orientalischen Küche. Es schmeckt erfrischend säuerlich-herb und wird aus den leuchtend-roten Früchten des Färberbaumes gewonnen.

Westernburger mit Zwiebelsauce

Für 4 Personen   Zubereitungszeit 30 Min.   Garzeit 30 Min.

522 kcal | 2184 kJ

1 kg	**Hokkaidokürbis**
3 TL	**Olivenöl**
2 EL	**Zitronensaft**
1 TL	**getrockneter Thymian**
1 TL	**Meersalz**
4	**Zwiebeln**
500 g	**Tatar**
	Salz, Pfeffer
2 TL	**Paprikapulver**
1 TL	**Kreuzkümmel**
1/2 TL	**Chilipulver**
200 g	**passierte Tomaten**
2 EL	**Barbecuesauce**
8 Blätter	**Kopfsalat**
4	**kleine Hamburger-Brötchen**

1 Backofen auf 200° C (Gas: Stufe 3, Umluft: 180° C) vorheizen. Kürbis waschen, halbieren, Kerne mit einem Löffel entfernen und Kürbis in Spalten schneiden. Kürbis auf einem mit Backpapier ausgelegten Backblech verteilen und mit 1 TL Öl und Zitronensaft beträufeln. Mit Thymian und Meersalz bestreuen und im Backofen auf mittlerer Schiene 25–30 Minuten backen.

2 Zwiebeln schälen und in feine Ringe schneiden. Tatar mit 1/2 TL Salz, Paprikapulver, Kreuzkümmel und Chilipulver verkneten und zu 4 Patties formen. 1 TL Öl in einer Pfanne auf hoher Stufe erhitzen und Patties darin ca. 4 Minuten von jeder Seite braten.

3 Restliches Öl in einer Pfanne auf mittlerer Stufe erhitzen und Zwiebeln darin 3–5 Minuten anbraten. Mit Tomaten und Barbecuesauce ablöschen und weitere ca. 5 Minuten garen. Zwiebelsauce mit Salz und Pfeffer abschmecken. Salat waschen und trocken schleudern.

4 Brötchen aufschneiden, rösten, untere Brötchenhälften mit Salat belegen, Patties und Zwiebelsauce darauf anrichten und mit oberen Hälften abdecken. Westernburger mit Kürbisspalten und restlicher Zwiebelsauce servieren.

Gefüllte Zucchini mit Tomatensauce

Für 4 Personen **Zubereitungszeit 20 Min.** **Garzeit 35 Min.**

391 kcal | 1636 kJ

4	**Zucchini**
1/2 Bund	**Petersilie**
400 g	**Tatar**
2 EL	**Tomatenmark**
	Salz, Pfeffer
1 TL	**Paprikapulver**
1	**Zwiebel**
1 TL	**Rapsöl**
800 g	**passierte Tomaten (Konserve)**
1 TL	**getrockneter Thymian**
1 Prise	**Zucker**
200 g	**trockener Vollkornreis**

1 Zucchini waschen, längs halbieren und bis auf einen 2 cm breiten Rand aushöhlen. Petersilie waschen, trocken schütteln und hacken. Tatar mit Tomatenmark der Hälfte der Petersilie, 1 TL Salz und Paprikapulver verkneten und in die Zucchinihälften füllen.

2 Zwiebel schälen und fein würfeln. Öl in einem Topf auf hoher Stufe erhitzen und Zwiebeln darin 3–4 Minuten anbraten, mit Tomaten ablöschen und mit Thymian verfeinern. Tomatensauce ca. 3 Minuten erhitzen und mit Zucker, Salz und Pfeffer abschmecken.

3 Backofen auf 200° C (Gas: Stufe 3, Umluft: 180° C) vorheizen. Reis nach Packungsanweisung in Salzwasser garen. Tomatensauce in eine Auflaufform (ca. 20 x 30 cm) füllen, gefüllte Zucchini darauf setzen und im Backofen auf mittlerer Schiene ca. 30 Minuten garen. Gefüllte Zucchini mit restlicher Petersilie bestreuen und mit Reis und Tomatensauce servieren.

Spaghetti mit Mozzarella-Hackbällchen

Für 4 Personen   **Zubereitungszeit 20 Min.**   **Garzeit 20 Min.**

527 kcal | 2204 kJ

1/2 Kugel	**fettreduzierter Mozzarella**
1	**Knoblauchzehe**
250 g	**Tatar**
250 g	**Kalbshackfleisch (aus Kalbsschnitzel)**
3 EL	**Paniermehl**
2 EL	**fettarme Milch**
1	**Ei (Größe M)**
	Salz, Pfeffer
4 EL	**geriebener Parmesan**
3 EL	**gehacktes Basilikum**
800 g	**passierte Tomaten (Konserve)**
2 TL	**getrocknete italienische Kräuter**
1 Prise	**Zucker**
240 g	**trockene Vollkorn-Spaghetti**

1 Mozzarella trocken tupfen und in 16 kleine Stücke schneiden. Knoblauch pressen und mit Tatar, Kalbshackfleisch, Paniermehl, Milch, Ei, Salz, Pfeffer, 2 EL Parmesan und 2 EL Basilikum verkneten. Masse zu 16 Hackbällchen formen und je 1 Stück Mozzarella in die Mitte drücken.

2 Tomaten in einem großen Topf auf hoher Stufe erhitzen, mit Kräutern und Zucker verfeinern und aufkochen. Hackbällchen zufügen und auf niedriger Stufe ca. 15 Minuten mit Deckel garen.

3 Nudeln nach Packungsanweisung in Salzwasser garen. Spaghetti mit Tomatensauce und Hackbällchen auf Tellern anrichten und mit restlichem Basilikum und Parmesan bestreut servieren.

Orientalischer Burger mit Joghurtsauce

Für 4 Personen   Zubereitungszeit 15 Min.   Garzeit 15 Min.

350 kcal | 1463 kJ

1	**Schalotte**
500 g	**Tatar**
1 TL	**Kreuzkümmel**
2 TL	**gemahlener Koriander**
1 TL	**Chiliflocken**
	Salz, Pfeffer
2 TL	**Olivenöl**
250 g	**griechischer Joghurt, bis 0,2 % Fett**
2 TL	**Limettensaft**
2 TL	**gehackter Dill**
100 g	**Pflücksalatmischung (Kühltheke)**
1	**rote Zwiebel**
1	**kleine Salatgurke**
4	**Vollkorn-Pitabrote**

1 Schalotte schälen und fein hacken. Tatar mit Kreuzkümmel, Koriander, Chiliflocken und 1/2 TL Salz verkneten und zu 8 ovalen Frikadellen formen. Öl in einer Pfanne auf hoher Stufe erhitzen und Köfte darin von jeder Seite ca. 6 Minuten braten.

2 Für die Joghurtsauce Joghurt mit Limettensaft, Dill und 1/4 Tl Salz verrühren und mit Pfeffer abschmecken. Salat waschen und trocken schleudern. Zwiebel schälen und in feine Ringe schneiden. Gurke waschen und längs in dünne Scheiben schneiden.

3 Pita rösten, aufschneiden und mit Salat, Köfte, Zwiebeln und Gurken füllen und mit Joghurtsauce beträufelt servieren.

Kartoffel-Hack-Pfanne mit Spinat

Für 2 Personen **Zubereitungszeit 20 Min.** **Garzeit 25 Min.**

373 kcal | 1562 kJ

400 g	**festkochende Kartoffeln**
	Salz, Pfeffer
2	**kleine Zwiebeln**
1 TL	**Rapsöl**
250 g	**Tatar**
1 TL	**Paprikapulver**
50 g	**getrocknete Tomaten ohne Öl**
250 g	**Blattspinat**

1 Kartoffeln schälen, würfeln und in Salzwasser ca. 10 Minuten vorgaren. Zwiebeln schälen und fein würfeln. Öl in einer Pfanne auf hoher Stufe erhitzen, Zwiebeln und Tatar darin ca. 5 Minuten anbraten und mit 1 TL Salz, 1/4 TL Pfeffer und Paprikapulver würzen.

2 Kartoffeln abgießen, in die Pfanne geben und 5–8 Minuten mitbraten. Tomaten in Streifen schneiden. Spinat waschen, trocken schleudern, mit Tomaten unterheben und ca. 3 Minuten mitgaren. Kartoffel-Hack-Pfanne mit Salz und Pfeffer abschmecken und servieren.

Chili mit Tatar

Für 4 Personen   **Zubereitungszeit 15 Min.**   **Garzeit 40 Min.**

464 kcal | 1941 kJ

2	**Zwiebeln**
3	**grüne Paprika**
1 TL	**Olivenöl**
400 g	**Tatar**
	Salz, Pfeffer
1 TL	**geräuchertes Paprikapulver**
1 TL	**Kreuzkümmel**
1 TL	**Chiliflocken**
800 g	**passierte Tomaten (Konserve)**
2 EL	**gehackter Oregano**
400 g	**Kidneybohnen (Konserve)**
200 g	**dünnes Fladenbrot**
2 EL	**gehackter Koriander**

1 Zwiebeln schälen und fein würfeln. Paprika waschen, entkernen und würfeln. Öl in einem Topf auf hoher Stufe erhitzen und Zwiebeln darin 2–3 Minuten anbraten. Tatar zufügen, mit 1 TL Salz, Paprikapulver, Kreuzkümmel und Chiliflocken würzen und ca. 5 Minuten mitbraten.

2 Paprika zufügen und 2–3 Minuten anbraten, mit Tomaten ablöschen und mit Oregano verfeinern. Chili auf niedriger Stufe ca. 25 Minuten mit Deckel garen.

3 Kidneybohnen abspülen, abtropfen lassen, zum Chili geben und weitere ca. 5 Minuten garen. Fladenbrot in Stücke schneiden und fettfrei in einer Grillpfanne ca. 3 Minuten von jeder Seite rösten. Chili mit Salz und Pfeffer abschmecken, mit Koriander bestreuen und mit Fladenbrot servieren.

Mini-Frikadellen mit Kohlrabigemüse

Für 4 Personen   **Zubereitungszeit 25 Min.**   **Garzeit 30 Min.**

393 kcal | 1643 kJ

1	**kleine Zwiebel**
500 g	**Tatar**
1	**Ei (Größe M)**
2 EL	**Paniermehl**
1 TL	**Senf**
	Salz, Pfeffer
1 TL	**Paprikapulver**
500 g	**festkochende Kartoffeln**
3	**Kohlrabi**
1 Liter	**Gemüsebrühe**
	(4 1/2 TL Instantpulver)
2 Tüten	**WW Sauce Hollandaise**
400 ml	**Wasser**
2 EL	**gehackte Petersilie**

1 Backofen auf 200° C (Gas: Stufe 3, Umluft: 180° C) vorheizen. Zwiebel schälen und fein würfeln. Tatar mit Zwiebeln, Ei, Paniermehl, Senf, 1 TL Salz, Pfeffer und Paprikapulver verkneten und Masse zu 16 kleinen Frikadellen formen. Mini-Frikadellen auf ein mit Backpapier ausgelegtes Backblech setzen und im Backofen auf mittlerer Schiene ca. 30 Minuten backen, dabei nach ca. 15 Minuten wenden.

2 Kartoffeln schälen, halbieren und in Salzwasser ca. 20 Minuten garen. Kohlrabi schälen, in kleine Stücke schneiden und in kochendem Salzwasser ca. 15 Minuten garen. Hollandaise Sauce mit Wasser anrühren, in einen Topf geben, mit Petersilie verfeinern, aufkochen und Kohlrabi unterheben. Mini-Frikadellen mit Kartoffeln und Kohlrabigemüse servieren.

Der schnelle Begleiter für Gemüse und Spargel

WW Sauce Hollandaise ist die perfekte Sauce für knackiges Gemüse, denn sie ist unheimlich lecker und vielseitig. Du kannst sie nach deinem Geschmack verändern, zaubere doch mal eine Kräuter-, Chili- oder Zitronen-Hollandaise. Einfach ideal, wenn es mal schnell gehen muss! Erhältlich im WW Studio oder auf wwshop.de.

Mini-Geflügel-Burger mit Chutney

Für 12 Stück   **Zubereitungszeit 25 Min.**   **Garzeit 30 Min.**

198 kcal | 829 kJ

2	**Frühlingszwiebeln**
90 g	**Mangochutney**
1 EL	**Chilisauce**
	(auf Tomatenbasis)
2 TL	**Curry**
	Salz, Pfeffer
40 g	**Pankomehl**
600 g	**Geflügelhackfleisch**
	(aus Geflügelbrustfilet)
2 TL	**Rapsöl**
12	**Mini-Aufbackbrötchen**
	(à 40 g)
12 Blätter	**Lollo Rosso**

1 Backofen auf 180° C (Gas: Stufe 2, Umluft: 160° C) vorheizen. Frühlingszwiebeln waschen und in feine Ringe schneiden. 40 g Chutney mit Frühlingszwiebeln, Chilisauce, Curry, Salz, Pankomehl und Hackfleisch verkneten und aus der Masse 12 kleine Patties formen.

2 Brötchen nach Packungsanweisung aufbacken. Öl portionsweise in einer Pfanne auf hoher Stufe erhitzen und Patties darin nacheinander ca. 4 Minuten von jeder Seite braten. Salat waschen und trocken schleudern.

3 Brötchen halbieren, mit restlichem Chutney bestreichen, untere Hälften mit Salat und Patties belegen und mit oberen Hälften abdecken. Geflügelburger servieren.

Geflügelhackfleisch …

… gibt es abgepackt in vielen Supermärkten und Discountern.

Mexikanische One-Pot-Pasta

Für 4 Personen   Zubereitungszeit 20 Min.   Garzeit 30 Min.

495 kcal | 2071 kJ

1	**Zwiebel**
1	**Knoblauchzehe**
2	**rote Paprika**
1 TL	**Rapsöl**
500 g	**Geflügelhackfleisch (aus Geflügelbrustfilet)**
	Salz, Pfeffer
2 TL	**Paprikapulver**
1 TL	**Chilipulver**
1 TL	**Kreuzkümmel**
1 Prise	**Zucker**
600 ml	**Wasser**
400 g	**passierte Tomaten (Konserve)**
200 g	**trockene Nudeln (z. B. Conchiglie)**
200 g	**Mais (Konserve)**
100 g	**geriebener Käse, 30 % Fett i. Tr.**
2 EL	**gehackter Koriander**

1 Zwiebel schälen und fein würfeln. Knoblauch fein hacken. Paprika waschen, entkernen und in Stücke schneiden. Öl in einem Topf auf hoher Stufe erhitzen, Zwiebeln und Knoblauch zufügen und 1–2 Minuten anbraten. Hackfleisch zufügen mit 1 TL Salz, Paprika-, Chilipulver und Kreuzkümmel würzen und 3–4 Minuten mitbraten.

2 Paprika zufügen, mit Zucker bestreuen und kurz anrösten. Mit Wasser und Tomaten ablöschen, Nudeln zufügen und auf niedriger Stufe ca. 20 Minuten mit Deckel garen, dabei mehrmals umrühren.

3 Mais abgießen, mit Käse unter die One-Pot-Pasta rühren und weitere ca. 3 Minuten garen. One-Pot-Pasta mit Salz und Pfeffer abschmecken und mit Koriander garniert servieren.

Cottage Pie mit Tatar

Für 6 Personen   **Zubereitungszeit 25 Min.**   **Garzeit 55 Min.**

338 kcal | 1413 kJ

750 g	**mehligkochende Kartoffeln**
1	**kleiner Blumenkohl**
	Salz, Pfeffer
1	**Zwiebel**
4	**Karotten**
2 Stangen	**Staudensellerie**
2 TL	**Rapsöl**
1	**Knoblauchzehe**
500 g	**Tatar**
400 g	**stückige Tomaten (Konserve)**
300 ml	**Rinderfond**
1	**Lorbeerblatt**
400 g	**Erbsen (TK)**
50 g	**Schmand**

1 Kartoffeln schälen und vierteln. Blumenkohl waschen und in Röschen teilen. Kartoffeln in kochendem Salzwasser ca. 10 Minuten garen. Blumenkohlröschen zufügen und weitere 8–10 Minuten garen.

2 Zwiebel schälen und fein würfeln. Karotten schälen und in Stücke schneiden. Sellerie waschen und in Stücke schneiden. Öl in einer tiefen Pfanne auf mittlerer Stufe erhitzen, Zwiebeln, Karotten und Sellerie zufügen, Knoblauch dazupressen und 6–8 Minuten andünsten. Tatar zufügen und weitere ca. 5 Minuten krümelig anbraten.

3 Backofen auf 200° C (Gas: Stufe 3, Umluft: 180° C) vorheizen. Tomaten und Fond zur Hackfleisch-Gemüse-Pfanne geben, Lorbeerblatt zufügen und ca. 15 Minuten schmoren. 100 g Erbsen zufügen und weitere ca. 2 Minuten garen. Lorbeerblatt entfernen und Hackfleisch-Gemüse-Mischung mit Salz und Pfeffer abschmecken.

4 Kartoffeln und Blumenkohl abgießen und mit Schmand zerstampfen. Hackfleisch-Gemüse-Mischung auf 6 kleine ofenfeste Formen (ca. 10 x 15 cm) verteilen und mit Kartoffelstampf bedecken. Cottage Pie im Backofen auf mittlerer Schiene ca. 20 Minuten backen.

5 Restliche Erbsen in kochendem Salzwasser 3–4 Minuten garen. Cottage Pie mit Erbsen servieren.

Eiskalter Genuss

Tiefgekühlt hält sich der Cottage Pie ca. 3 Monate.

Schnelle Tatarpizza

Für 12 Stücke **Zubereitungszeit 20 Min.** **Garzeit 30 Min.**

167 kcal | 700 kJ

1	**rote Paprika**
200 g	**Mais (Konserve)**
400 g	**Tatar**
2 EL	**gehackte glatte Petersilie**
	Salz, Pfeffer
1 TL	**Paprikapulver**
1 Packung	**Pizzateig (Frischprodukt, 400 g)**
200 g	**passierte Tomaten (Konserve)**
2 EL	**Tomatenmark**
2 TL	**gehackter Oregano**
100 g	**geriebener Käse, 30 % Fett i. Tr.**

1 Paprika waschen, entkernen und in feine Würfel schneiden. Mais abgießen. Tatar mit Mais, Paprika und Petersilie vermengen und mit 1/2 TL Salz, 1 Prise Pfeffer und Paprikapulver würzen. Pizzateig entrollen und auf ein mit Backpapier ausgelegtes Backblech geben.

2 Backofen auf 200° C (Gas: Stufe 3, Umluft: 180° C) vorheizen. Tomaten mit Tomatenmark verrühren und mit Oregano verfeinern. Tomatensauce auf dem Teig verstreichen und Tatarmasse darauf verteilen. Pizza mit Käse bestreuen und im Backofen auf mittlerer Schiene 25–30 Minuten backen. Tatarpizza in Stücke teilen und servieren.

Koreanische Geflügel-Reis-Bowl

Für 4 Personen   **Zubereitungszeit 15 Min.**   **Garzeit 30 Min.**

328 kcal | 1374 kJ

160 g	**trockener Vollkornreis**
	Salz, Pfeffer
1	**Zwiebel**
4	**Karotten**
2 TL	**Sesamöl**
500 g	**Geflügelhackfleisch**
	(aus Geflügelbrustfilet)
100 ml	**Geflügelfond**
1 EL	**Gochujang**
	(ersatzweise Chilisauce)
2 EL	**Sojasauce**
1	**Salatgurke**
2 EL	**gehackter Koriander**
1/2 TL	**Chiliflocken**

1 Reis nach Packungsanweisung in Salzwasser garen. Zwiebel schälen und fein hacken. Karotten schälen und raspeln.

2 Öl in einer Pfanne auf hoher Stufe erhitzen und Zwiebeln mit Knoblauch darin 2–3 Minuten andünsten. Hackfleisch zufügen, mit 1 TL Salz würzen und ca. 5 Minuten anbraten. Karotten zufügen, ca. 4 Minuten braten und mit Fond ablöschen. Gochujang und Sojasauce zufügen und ca. 4 Minuten mitgaren.

3 Gurke waschen, längs halbieren und in dünne Scheiben schneiden. Koriander unter die Hackmasse rühren, mit Salz und Pfeffer abschmecken, mit Reis und Gurke in Schüsseln anrichten und mit Chiliflocken bestreut servieren.

Schon gewusst?

Gochujang ist eine scharfe koreanische Gewürzpaste aus Klebreismehl, Sojabohnenmehl, Chili, Salz, Meersalz und Reissirup. Es wird zum Marinieren, zum Dippen als auch zum Würzen eingesetzt. So wird auch das berühmte koreanische Feuerfleisch (Bulgogi) und das beliebte Bibimbap damit zubereitet.

Lauch-Käse-Suppe mit Hackfleisch

Für 4 Personen   Zubereitungszeit 20 Min.   Garzeit 25 Min.

299 kcal | 1253 kJ

4 Stangen	**Lauch**
1 TL	**Rapsöl**
400 g	**Tatar**
	Salz, Pfeffer
2	**Wacholderbeeren**
1 Liter	**Gemüsebrühe**
	(4 1/2 TL Instantpulver)
2 Scheiben	**Toast (kleine)**
1 TL	**Paprikapulver**
150 g	**Schmelzkäse,**
	20 % Fett i. Tr.
2 EL	**gehackte Petersilie**

1 Lauch waschen und in Ringe schneiden. Öl in einem Topf auf hoher Stufe erhitzen, Tatar darin krümelig anbraten und mit Salz und Pfeffer würzen.

2 Lauch zufügen, kurz anrösten, Wacholderbeeren zufügen und mit Brühe ablöschen. Suppe ca. 15 Minuten auf niedriger Stufe mit Deckel garen.

3 Für die Croûtons Toast würfeln, fettfrei in einer Pfanne auf mittlerer Stufe 3–4 Minuten rundherum rösten und mit Paprikapulver würzen. Schmelzkäse zur Suppe geben und unter Rühren schmelzen. Lauch-Käse-Suppe abschmecken und mit Croûtons und Petersilie bestreut servieren.

Nicoles Tipp:

Wenn du die Suppe als Partysuppe servierst oder wenn es schnell gehen soll, die Croûtons in einer extra Schüssel servieren oder ganz weglassen! Familie und Freunde waren von der leckeren Suppe begeistert!

Geflügel-Spinat-Enchiladas mit Ziegenkäse

Für 4 Personen   **Zubereitungszeit 20 Min.**   **Garzeit 30 Min.**

494 kcal | 2066 kJ

2 TL	**Olivenöl**
500 g	**Hackfleisch aus Putenbrustfilet**
2	**Knoblauchzehen**
1 TL	**Kreuzkümmel**
	Salz, Pfeffer
200 g	**Blattspinat**
80 g	**Ziegenkäse, 45 % Fett i. Tr.**
4 EL	**Salsasauce (Fertigprodukt)**
8	**kleine Tortilla-Wraps**
2	**Frühlingszwiebeln**
2 EL	**gehackter Koriander**

1 Backofen auf 180° C (Gas: Stufe 2, Umluft: 160° C) vorheizen. Öl in einer Pfanne auf hoher Stufe erhitzen. Hackfleisch zufügen, Knoblauch dazu pressen und mit Kreuzkümmel, 1/2 TL Salz und 1/2 TL Pfeffer würzen. Hackfleisch ca. 4 Minuten krümelig anbraten.

2 Spinat waschen und trocken schleudern. Spinat zum Hackfleisch geben und ca. 3 Minuten garen. Pfanne vom Herd nehmen und Ziegenkäse unterrühren.

3 2 EL Salsa in eine Auflaufform geben. Wraps jeweils mit 3 EL Hack-Spinat-Masse belegen, aufrollen und in die Auflaufform setzen. Restliche Salsa über die Enchiladas verteilen und im Backofen auf mittlerer Schiene ca. 20 Minuten backen.

4 Frühlingszwiebeln waschen und in Ringe schneiden. Geflügel-Spinat-Enchiladas mit Ziegenkäse mit Frühlingszwiebeln und Koriander bestreut servieren.

Köftespieße mit türkischem Salat

Für 4 Personen   **Zubereitungszeit 20 Min.**   **Garzeit 15 Min.**

332 kcal | 1387 kJ

4	**Vollkorn-Pitabrote (à 55 g)**
2	**Knoblauchzehen**
500 g	**Hackfleisch aus Lammfilet**
1 TL	**Kreuzkümmel**
1 TL	**gemahlener Koriander**
3 EL	**gehackte glatte Petersilie**
	Salz, Pfeffer
2 TL	**Olivenöl**
2	**Römersalatherzen**
250 g	**Cocktailtomaten**
1	**rote Zwiebel**
100 g	**Schafskäse, 25 % Fett i. Tr.**
2 EL	**Limettensaft**
1 TL	**Sumach**
1 EL	**gehackte Minze**

1 Backofen auf 200° C (Gas: Stufe 3, Umluft: 180° C) vorheizen. Pitabrote in ca. 3 cm große Stücke brechen, auf ein mit Backpapier ausgelegtes Backblech geben und im Backofen auf mittlerer Schiene 8–10 Minuten knusprig backen.

2 Knoblauch pressen, mit Lammhackfleisch, Kreuzkümmel, Koriander, Petersilie, 1 TL Salz und 1/4 TL Pfeffer verkneten. Hackmasse mit den Händen zu 12 ovalen Köfte formen und auf 4 Spieße stecken. 1 TL Öl in einer Grillpfanne auf mittlerer bis hoher Stufe erhitzen und Köftespieße darin ca. 10 Minuten rundherum braten.

3 Salat waschen, trocken schleudern und in Streifen schneiden. Tomaten waschen und vierteln. Zwiebel schälen, halbieren und in feine Streifen schneiden. Schafskäse zerbröseln. Für das Dressing Limettensaft mit restlichem Öl und Sumach verquirlen. Salat mit 2 EL Tomaten und Minze auf einer Platte anrichten, mit Schafskäse und Pitabrot bestreuen und mit Dressing beträufeln. Tomaten mit Zwiebeln und restlicher Petersilie vermischen. Köftespieße mit türkischem Salat servieren.

Lammhackfleisch ...

... erhältst du problemlos bei einem türkischen Metzger oder in einem türkischen Supermarkt mit Fleischtheke. Hier kannst du dir oft auch das gewünschte Fleisch direkt wolfen lassen.

Putenhackbällchen mit Gemüseragout

Für 2 Personen   **Zubereitungszeit 15 Min.**   **Garzeit 20 Min.**

413 kcal | 1729 kJ

1	**Zucchini**
2	**Frühlingszwiebeln**
250 g	**Putenbrustfilet**
	Salz, Pfeffer
1/2 TL	**Cayennepfeffer**
1 EL	**gehackte Minze**
2 EL	**gehackte Petersilie**
2 TL	**Olivenöl**
1	**Schalotte**
1	**Knoblauchzehe**
2	**rote Paprika**
1 TL	**getrockneter Oregano**
400 g	**stückige Tomaten (Konserve)**
250 g	**braune Linsen (Konserve)**

1 Zucchini waschen, 50 g fein raspeln und restliche Zucchini würfeln. Frühlingszwiebeln waschen und in feine Ringe schneiden. Putenbrustfilet trocken tupfen und fein hacken. Zucchiniraspel ausdrücken und mit Hackfleisch, Frühlingszwiebeln, 1 TL Salz, Cayennepfeffer, Minze und 1 EL Petersilie verkneten und zu 6 Hackbällchen formen.

2 1 TL Öl in einer Pfanne auf mittlerer Stufe erhitzen und Hackbällchen darin 12–15 Minuten rundherum braten.

3 Schalotte schälen und fein hacken. Knoblauch pressen. Paprika waschen, entkernen und in Streifen schneiden. Restliches Öl in einer tiefen Pfanne erhitzen, Knoblauch und Schalotten 2–3 Minuten darin andünsten und mit Oregano verfeinern. Paprika zufügen und weitere 2–3 Minuten andünsten, Tomaten und Linsen dazugeben und weitere 5–6 Minuten garen.

4 Gemüseragout mit Salz und Pfeffer abschmecken und mit Putenhackbällchen und restlicher Petersilie bestreut servieren.

Cannelloni mit Insalata Mista

Für 4 Personen   **Zubereitungszeit 30 Min.**   **Garzeit 45 Min.**

492 kcal | 2060 kJ

1	**Zwiebel**
1	**Knoblauchzehe**
500 g	**Tatar**
3 EL	**gehackte Petersilie**
	Salz, Pfeffer
1 TL	**Paprikapulver**
12	**trockene Cannelloni**
800 g	**passierte Tomaten (Konserve)**
2 EL	**Crème légère**
2 TL	**italienische Kräuter**
100 g	**geriebener Käse, 30 % Fett i. Tr.**
1	**kleine Salatgurke**
1	**Eisbergsalat**
100 g	**Mais (Konserve)**
2 Becher	**WW Zitronen Joghurt Dressing**

1 Backofen auf 200° C (Gas: Stufe 3, Umluft: 180° C) vorheizen. Zwiebel schälen und fein würfeln. Knoblauch pressen, mit Tatar, 2 EL Petersilie und Zwiebeln vermengen und mit 1 TL Salz, 1/4 TL Pfeffer und Paprikapulver würzen. Masse mit Hilfe eines Teelöffels in die Cannelloni füllen und in eine Auflaufform (ca. 30 x 20 cm) setzen.

2 Für die Sauce Tomaten in einem Topf auf mittlerer Stufe erhitzen, mit Crème légère und Kräutern verfeinern und mit Salz und Pfeffer abschmecken. Sauce über die Cannelloni geben, mit Käse bestreuen und im Backofen auf mittlerer Schiene ca. 40 Minuten backen.

3 Für den Salat Gurke schälen und in Würfel schneiden. Salat waschen, trocken schleudern und in Streifen schneiden. Mais abgießen und mit Salat, Gurke, restlicher Petersilie und Zitronen Joghurt Dressing vermischen. Cannelloni mit Insalata Mista servieren.

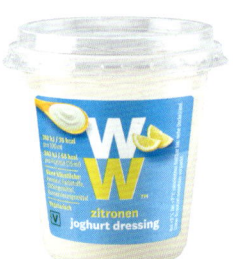

Kürbis mit Hackfleischfüllung

Für 4 Personen   Zubereitungszeit 20 Min.   Garzeit 55 Min.

486 kcal | 2034 kJ

2	**kleine Butternutkürbisse (à 1 kg)**
6	**Frühlingszwiebeln**
1	**Knoblauchzehe**
1 TL	**Rapsöl**
500 g	**Geflügelhackfleisch (aus Geflügelbrustfilet) Salz, Pfeffer**
1 TL	**Kreuzkümmel**
400 g	**schwarze Bohnen (Konserve)**
400 g	**stückige Tomaten (Konserve)**
2 EL	**gehackter Koriander**

1 Backofen auf 180° C (Gas: Stufe 2, Umluft: 160° C) vorheizen. Kürbis halbieren, Kerne mit einem Löffel entfernen, Kürbishälften auf ein mit Backpapier ausgelegtes Backblech setzen und im Backofen auf mittlerer Schiene ca. 45 Minuten backen.

2 Frühlingszwiebeln waschen und in Ringe schneiden. Knoblauch pressen. Öl in einem Topf auf hoher Stufe erhitzen, Hackfleisch darin krümelig anbraten und mit Salz, Pfeffer und Kreuzkümmel würzen. Frühlingszwiebeln zufügen und weitere ca. 3 Minuten garen.

3 Bohnen abspülen und abtropfen lassen. Tomaten und Bohnen in den Topf geben, ca. 3 Minuten mitgaren und mit 1 EL Koriander verfeinern. Hackfleisch-Bohnen-Mischung in die Kürbishälften füllen und weitere ca. 10 Minuten im Backofen garen. Kürbis mit restlichem Koriander bestreuen und servieren.

Darf's ein bisschen Dip sein?

Dazu schmeckt ein erfrischender Limetten-Joghurt-Dip. Dazu verrührst du 250 g fettarmen Joghurt mit 2 TL Limettensaft und 1 TL abgeriebener unbehandelter Limettenschale und schmeckst den Dip mit Salz und Pfeffer ab. Der SmartPoints Wert erhöht sich in allen Plänen um 1

Pastitsio

Für 8 Personen   **Zubereitungszeit 25 Min.**   **Garzeit 65 Min.**

343 kcal | 1434 kJ

1	**Zwiebel**
2 TL	**Olivenöl**
600 g	**Tatar**
	Salz, Pfeffer
400 g	**passierte Tomaten (Konserve)**
50 ml	**trockener Rotwein**
2 TL	**Zimt**
240 g	**trockene Vollkorn-Rigatoni**
400 ml	**fettarme Milch**
2	**Eier (Größe M)**
1 EL	**gesalzene Halbfettbutter**
2 EL	**Mehl**
2	**Eiklar (Größe M)**
100 g	**geriebener Parmesan**

1 Zwiebel schälen und fein würfeln. 1 TL Öl in einer Pfanne auf mittlerer Stufe erhitzen, Zwiebeln und Tatar darin 8-10 Minuten anbraten und mit Salz und Pfeffer würzen. Tomaten, Rotwein und Zimt zufügen und auf niedriger Stufe ca. 30 Minuten garen.

2 Nudeln nach Packungsanweisung in Salzwasser garen, abgießen, kurz abkühlen lassen und mit 150 ml Milch und 1 Ei verrühren.

3 Für die Sauce Butter in einem kleinen Topf auf mittlerer Stufe schmelzen, mit Mehl bestäuben, mit Salz und Pfeffer würzen und mit restlicher Milch ablöschen. Sauce aufkochen und 6–8 Minuten auf niedriger Stufe einkochen. Restliches Ei mit Eiklar verrühren. Eimischung mit 1 Kelle heißer Sauce verrühren und alles zurück in den Topf geben.

4 Backofen auf 180° C (Gas: Stufe 2, Umluft: 160° C) vorheizen. Die Hälfte der Nudeln in eine Auflaufform (ca. 20 x 30 cm) geben, Hackfleischmischung darauf verteilen und mit 50 g Parmesan bestreuen. Restliche Nudeln darauf verteilen, mit Sauce bedecken und mit restlichem Parmesan bestreuen.

5 Pastitsio mit Alufolie abdecken und im Backofen auf mittlerer Schiene ca. 20 Minuten backen. Alufolie entfernen und weitere ca. 15 Minuten backen. Pastitsio servieren.

Pastitsio ...

… ist ein griechischer Nudelauflauf. Klassisch wird der Auflauf mit Makkaroni und Hackfleisch zubereitet. Ein tolles Rezept für die ganze Familie.

Asiatische Hackbällchen auf buntem Gemüse

Für 4 Personen   **Zubereitungszeit 20 Min.**   **Garzeit 20 Min.**

495 kcal | 2071 kJ

1 Bund	**Frühlingszwiebeln**
1	**Knoblauchzehe**
1	**rote Chilischote**
1 Bund	**Koriander**
500 g	**Geflügelhackfleisch (aus Geflügelbrustfilet)**
2 TL	**Sesamöl**
	Salz, Pfeffer
1 TL	**Honig**
3 EL	**Sojasauce**
200 g	**trockene Mie-Nudeln**
800 g	**Asia-Gemüse-Mischung (TK)**
2 EL	**gehackte Cashewnüsse**

1 Backofen auf 180° C (Gas: Stufe 2, Umluft: 160° C) vorheizen. Frühlingszwiebeln waschen und in Ringe schneiden. Knoblauch pressen. Chilischote waschen, entkernen und in Ringe schneiden. Koriander waschen, trocken schütteln und hacken.

2 Hackfleisch mit Knoblauch, Chili, 2 EL Frühlingszwiebeln, 3 EL Koriander, Öl, 1 Prise Pfeffer, Honig und 1 EL Sojasauce gut vermengen und zu 16 Bällchen formen. Bällchen auf ein mit Backpapier ausgelegtes Backblech setzen und im Backofen auf mittlerer Schiene ca. 20 Minuten backen, dabei einmal wenden.

3 Nudeln nach Packungsanweisung in Salzwasser garen. Asia-Gemüse-Mischung nach Packungsanweisung zubereiten und mit restlicher Sojasauce und restlichem Koriander verfeinern. Nudeln mit restlichen Frühlingszwiebeln bestreuen. Gemüse auf Tellern anrichten, asiatische Hackbällchen darauf verteilen und mit Nudeln und Cashewnüssen servieren.

Register nach Plan

	🟢	🔵	🔴	Seite
Kalbfleischpfanne mit Bohnen	9	7	3	56
Kartoffel-Hack-Pfanne mit Spinat	7	7	3	184
Köftespieße mit türkischem Salat	6	6	6	204
Kohlroulade mit Geflügelhackfleisch	9	6	2	159
Kokossuppe mit Geflügelstreifen	9	8	8	31
Könisgsberger Klopse mit Rote-Bete-Salat	9	8	4	164
Koriander-Couscous-Salat mit Steakstreifen	10	10	10	54
Krautgulasch, ungarisches	7	7	4	106
Krustenbraten auf Salat, würziger	3	3	3	118
Kürbis mit Hackfleischfüllung	4	0	0	211
Lammbiryani, schnelles	6	6	6	129
Lammbraten mit Orangen-Chili-Sauce	13	13	7	133
Lammfiletbowl mit Schafkäsedressing	13	12	7	141
Lamm-Freekeh-Salat	9	8	5	134
Lamm-Karotten-Topf mit Couscous	9	9	9	142
Lammkorma mit Bananen-Raita	7	6	6	145
Lammlachs mit Honigkarotten	4	4	4	138
Lamm Laksa	11	11	11	137
Lamm mit Linsen und Oliven	11	9	5	143
Lamm mit Zucchini-Reis-Salat	9	9	5	130
Lammschmortopf mit Minzjoghurt	9	8	8	146
Lammspieße mit Bohnen-Birnen-Salat, gegrillte	7	5	5	149
Lauch-Käse-Suppe mit Hackfleisch	6	6	6	200
Mandelschnitzel mit Korianderrotkohl	4	3	3	28
Mini-Frikadellen mit Kohlrabigemüse	8	8	5	188
Mini-Geflügel-Burger mit Chutney	5	5	5	191
Nudelsuppe mit Rinderfilet, vietnamesische	7	7	7	85
One Pot Pasta, mexikanische	10	7	7	192
Pastitsio	9	9	6	212
Pilz-Geflügel-Ragout mit Knödeln	9	8	8	45
Pulled Chicken Burger	7	6	6	15
Putenhackbällchen mit Gemüseragout	5	2	2	207
Quinoa-Kräuter-Schnitzel mit Fattoush	9	6	4	24

Register nach Plan

Register nach Zutaten und Stichworten

Register nach Zutaten und Stichworten

NEU!
mein WW+

„Mein täglicher Reminder, auf mich selbst zu achten!"

Tina, -29 kg[*]
@tinacarrot

Mehr als Abnehmen!

Lass dich mit dem neuen *meinWW+* und der WW App ganzheitlich in den Bereichen Ernährung, Bewegung, Mindset und Schlaf dabei unterstützen, noch erfolgreicher abzunehmen.

Melde dich gleich auf **WW.com** an und erhalte noch heute einen Plan, der auf dich und deine Bedürfnisse zugeschnitten ist.